這樣說話，讓你更得人疼

大野萌子 著
高詹燦 譯

受歡迎的人
都懂的
「換句話說」圖鑑

よけいなひと言を好かれるセリフに変える
言いかえ図鑑

前言

無意識中說出的話，會形塑出你給人的印象

「明明沒惡意，但只是不經意的一句話，就惹得對方不高興。」

你是否有過這樣的不愉快經驗呢？

或者是發生過「我只是向對方問好，卻讓對方覺得不耐煩」、「明明是替人著想，卻傷了對方的心」、「與上司和部下話不投機，始終談不來」這類的情形。

我在政府機關和企業一年舉辦過一百五十多場演講和研習，對兩萬多位社會人士做過溝通技巧的指導，常聽人們提出這樣的苦惱。

多年來，我在各種企業健康管理中心擔任心理諮詢師，接受許多人前來諮詢。

他們找我訴說的煩惱當中，有九成都與「和上司處不好」、「不知道該怎麼指導部下」、「和客戶合不來」、「家庭不睦」這類的人際關係有關。

語言是很可怕的東西，使用方式稍有差池，人際關係就會出現裂痕，造成無法挽回的憾事。

不過，更可怕的是說出讓人感到不耐煩的話卻毫無自覺的人。

在渾然未覺的情況下養成「出口沒好話」的習慣，就此無法與周遭人建構出良好的人際關係，為此深感苦惱，像這樣的人不在少數。

而容易做出騷擾行為的人（加害者），也是在無意識中常將沒必要說的話掛嘴邊的這種類型。

尤其是在二〇二〇年六月一日施行的「權力騷擾（勞動施策綜合推進法）」的影響下，組織內的法規遵守變得嚴格，在商場的溝通上也更加需要多一分顧慮。

不過，如果心裡想「要是我說錯話可就糟了」，而就此把想說的話憋在心裡，避免與人交談，那將會更加失去與人相互理解的機會。

多講正向的話，讓自己成為「給人好印象的人」

話說回來，不管怎樣的工作，如果人與人之間少了溝通，就無法成功。尤其是像「報告、聯絡、商談」這種不可或缺的上下關係，以及由身分不同的人以團隊合作的方式一起執行業務的情況更是如此。

平時的問候和回答方式就不用說了，此外還有向人請託、陳述意見、出言提醒、道歉、誇獎、訓斥……

在各種場面下，好的說話方式能清楚傳達自己想說的話，給對方信賴感和安心感，讓人認定你是出於善意，而就此接納，所以必須多多學習。這不光只局限於面對面交談，像使用電子郵件、聊天軟體、社群網路等通訊軟體時，也是同樣的情況。

因此，本書會針對將「沒必要說的話」改換成「聽了討喜的好話」的幾種模式，分成一百四十一個例子、十五個章節的不同場景，加以解說。

正向的表現方式，會創造出有助於人際關係的連鎖效應。

如果能馬上說出給人好印象的一句話，就算是處在難以啟齒的尷尬場面下，一樣可以讓對方坦然接受，不讓對方感到受傷。

若能學會這種正面的溝通祕訣，似乎也會對周遭的人帶來好感，給人好印象，就此構築出信賴關係。

儘管是傳達同樣的內容，但使用的話語不同，有時會讓人以為是完全不同的含義。

接下來也會介紹許多這類的案例，希望各位能在閱讀的同時，回顧自己的言行以及周遭人，而產生「我差點也因為這樣而吃足苦頭」、「那個人就是這樣說，讓我心裡一直有疙瘩」、「有有有，確實有這種情形」這類的共鳴。

本書若能讓各位將自己的說話方式導向正確的方向，成為改善人際關係的契機，將會是我莫大的欣慰。

大野萌子

CONTENT

第1章 問候、客套話

「問候」是決定人們第一印象的重要儀式。為了給對方「安心感」和「信賴感」，這是最重要的溝通方式。

如果彼此能以笑臉相迎，愉悅的相互問候，之後的交談就能順利進行。相反的，如果問候方式失了禮數，讓對方覺得「他是不高興嗎？」而感到不愉快，那可就嚴重失分了。一度負分的第一印象，想要加以扭轉，可不是件簡單的事。

另一方面，「客套話」在人際關係中未必是不可或缺的要素。不過，想讓自己顯得體面，或是想維持雙方關係時，還是會常常不自主的脫口說出像「下次一起吃午餐吧」這類的話來。不過，明明無心，卻常隨口邀人喝茶用餐，這樣會被認為是「隨口說說的騙子」，所以絕不能信口開河。儘管如此，還是很想說客套話時，就要使用不太明確的表現方式，讓對方也知道你這是客套話，不會抱持太大的期待，這是該掌握的要點。

真是辛苦呢。
啊，這是您託我處理的影印稿。
啊，部長。
辛苦了。
我上班遲到了。
隱隱作痛
頭有點疼……
咦!!
這可真是
辛苦妳了！
嘩～
嘩～
辛苦妳啦！辛苦妳啦！
聽了更教人覺得累……
妳頭痛對吧？
對!!
沒錯！
真是辛苦了。
不要緊吧？
適切的傳達，真的很重要！

不該說的話

✕ 辛苦了

讓你受累了

討喜的好話

對上位者說「辛苦了」，
是很不禮貌的行為。
在問候時千萬別誤踩地雷。

001

曾有新進員工對客戶的管理幹部說「辛苦了」，而惹惱了對方。因為「辛苦了」，是**上位者對下位者的說話用語。**

不過遺憾的是，有人不知道它的含義而誤用。這句話有人聽了不以為意，但有人聽了則會大為光火，心想「沒道理由你來對我說辛苦了！」

不光上位者，就算是同事，也有因為這樣一句話而打壞人際關係的實際案例。因為對方聽到「辛苦了」這句話，會心生反抗，覺得「我又不是你的部下」。因此，想用一句問候來慰勞對方時，最好是說「讓你受累了」。

不過，最近也有人對這句話有意見，認為「明明就不累，但別人卻說你受累了……」如果單純只是問候，那就說**「早安」**、**「你好」**、**「打擾了」**，這樣就不會有問題。如果是要慰勞對方，就說**「您回來啦」**、**「〇〇那件事似乎進行得很順利，真是太好了」**，這樣就能傳達心意。

問候是人際關係的重要潤滑劑。不過，千萬別忘了多加一分顧慮。

不該說的話

✕ 眞是辛苦了

工作很忙碌吧

討喜的好話

「辛苦」這句話聽起來感覺是虛假的同情

002

基本上，人們是因為希望對方能理解自己的狀況和感受，才和對方有互動。

「我有這樣的遭遇」、「我有這種感受」，明明希望對方能了解，但**如果對方一概都只是很粗略的說一句「真是辛苦了」**，聽起來就會像是很表面的客套話，讓人覺得不愉快。因為會給人一種事不關己的感覺。

舉例來說，如果對方說「我感冒了」、「最近工作好忙」，你就只是回一句「真是辛苦了」，那會怎樣？儘管你當自己是在慰勞對方，但要是對方不覺得自己「很辛苦」，就會不知該如何回話。此外，有人在談到開心的事情時，也會講得好像很辛苦似的，所以當有人說「假日也要陪孩子玩，真累人」時，如果你一臉認真的回一句「真是辛苦了」，那可就太多管閒事了。也許對方還會很不耐煩的回你一句「不，忙歸忙，但我覺得很幸福」。

就算對方真的很辛苦，但當事人的辛苦非外人所能理解。非但如此，要是被別人擅自論定為「很辛苦」，只會更加落入負面情緒中。

因此，「辛苦了」這句禁忌的字眼，絕不能隨便亂說。相較之下，將對方說的話重複說一遍，反而能表現出你的理解。例如對方說「最近都沒能休假」，不妨就回一句**「你忙到沒辦法休假對吧」**。總之，在伴隨著問候展開的對話一開頭，記得「接受對方說的話，再重複說一遍」，這點很重要。

不該說的話

✕ 你累了嗎？

最近過得可好？

討喜的好話

有時聽別人問「你累了嗎？」
就真的會覺得人不舒服

003

「最近過得可好？」「很好啊。你看起來也氣色不錯呢！」這樣的問候聽起來很舒服對吧。

然而，當家人以外的朋友一見面就說**「咦，你累了嗎？」**、**「感覺你好像很疲倦呢？」**就會感覺心情為之一沉。因為這句話就像在說「你今天很憔悴呢」或是「你氣色不好，似乎很疲憊呢」。心情會就此被牽著**「往負面走」**。

如果真的是很疲憊，就會心想「因為發生了許多事，才會這麼累，但也用不著講得這麼直白吧……」心裡更加受傷。

相反的，如果不覺得疲憊，就會心想「今天我明明很有精神，卻看起來這麼疲憊，我沒怎樣吧？」就此感到擔心，而情緒低落。俗話說「百病由心起」，要是一天下來一再有人問你「你累了嗎？」就會漸漸覺得人不舒服，可能還會心想「我還是回去休息一下好了……」

因此，儘管看對方有點疲憊，感到在意，也不要說出「負面的話語」，而是要以「正向的話語」問一聲「最近過得可好？」而且要提醒自己，盡可能以開朗的口吻說**「好久不見了呢！最近過得可好？」**受歡迎的人，往往都是善於溝通，懂得將對方的心情導往正向的人。是善於說正向話語的高手。

不該說的話

✕ 工作順利嗎？

○ 最近過得如何？

討喜的好話

不要用只能回答「是」或「不是」的提問來逼問對方

004

或許有人曾經自認只是一句輕鬆的問候，而開口問道「你工作順利嗎？」其實這是很不細膩的一句話。因為這是針對順不順利，**催對方回答「是」或「不是」的一種「closed question」（封閉式問題）**。尤其當這是不想回答的話題時，「closed question」會逼問對方，造成氣氛尷尬。應該有人會覺得「問這個做什麼？」而不知如何是好吧。

就算工作順利好了，也會不想拿這事來炫耀，所以都會隨口回答道「還可以啦」。如果工作不順利，自然更不想談，所以不管是哪一種，都會不知該如何回答是好。

這並非只局限於工作上，在詢問事情時也是同樣的情況。例如對放學返家的孩子問「今天在學校快樂嗎？」孩子會覺得你希望聽到「很快樂」這樣的回答，因而對說出自己在學校發生的不愉快感到猶豫再三。要讓對方可以自己挑選話題，例如像「在學校過得如何？」以**「open question」（開放式問題）**來提問吧。

「如何？」這個提問的對象很廣泛，語感也比較柔和，所以被問的人在回答時，可以避開不想回答的事。「如何？」這個提問，能讓對方選擇自己想說的事，是很方便的一種用語。

不該說的話

✕ 還記得我嗎？

我是當時和您見過面的大野

討喜的好話

自己先報上姓名，
是對他人的一份體貼

005

許久不見的人劈頭就問一句「還記得我嗎？」會讓人感到不知如何是好。**對方這就像在測試「你是否還記得呢」**，如果你不記得，就會覺得「自己是個很失禮的人」，有一種備受威脅的感覺。

「抱歉，我一時想不起來」，如果是處在可以直言不諱的氣氛下倒還好，但大部分情況下都是以一句「哦，你是那時候的……？」來含混過去，不知該如何回答才好。不過，會不記得對方，雖然有時只是一時想不起來，但這也是因為對方只給人這麼微弱的印象。可是卻因此覺得是自己不好，這種感覺很不舒服對吧。

「這個你知道嗎？」這句話的語感與「還記得嗎？」有點不同，但同樣是很沒禮貌的一種問話方式。說這句話的前提，是抱持「這個我知道，但你可就不知道了吧」的想法，會讓人覺得自己被瞧扁了。而更糟的案例是，當自己不知道時，對方又補上一刀說「咦，你竟然不知道？」被問到的一方，只是對自己不感興趣的事不清楚，卻得遭受這樣的責備，當然會感到不悅。

所以對久未見面的人，**切記別用試探對方的口吻說話**。在問候時，也要自己先報上姓名，例如**「我是在那場活動中和你見過面的大野」**。想將自己知道的事告訴對方時，要先自己說「我知道有件很有趣的事哦」。這是重要的鐵則。

不該說的話

改天一起吃頓飯吧

月底一起
吃頓飯吧

討喜的好話

與客套話的認真度差異，全看談話內容的「具體化」而定

006

不論是工作夥伴還是朋友，在道別時互道一句「改天再一起吃頓飯吧！」是常有的事。如果單純只是說一句「再見」、「改天見」，未免太過冷淡，所以才會當是在說客套話，而說一句「改天再一起吃頓飯！」然而，對方會怎麼看待，這可就有各種可能了。

「近日會再跟你聯絡，到時候再一起吃頓飯」、「等安頓好之後，再一起吃頓飯」，如果不是真的有心，只是隨口說說，很可能會讓對方覺得「是他自己說要約吃飯的，卻都沒跟我聯絡」，而感到失望。

或許有人還會因此生氣，心想「那個人總是光說不練」。一旦給人這種印象，哪天真的想約吃飯時，沒人會當真，有可能變成放羊的孩子。

如果是**「真心」**想約對方吃飯，不妨說一句**「下次一定要一起吃頓飯。這個月下旬你方便嗎？」**將說話內容**「具體化」**，來促成邀約。不過，當對方時間不方便時，不妨試著當場提出「替代方案」。要是這樣還排不出時間，則很有可能是對方以客套話回覆你，這時就別硬要邀約，以免造成對方的困擾。

「真心」和「客套話」，千萬別搞錯，也別讓人誤會，要特別留意。

不該說的話

✕ 你好久沒跟我聯絡，我好擔心

這麼久了還記得跟我聯絡，眞高興

討喜的好話

與其責備對方，
不如傳達自己的感受

007

聯絡後，見到許久未見的朋友，對方有可能說「你好久沒跟我聯絡，我好擔心呢」，或是「這麼久了還記得跟我聯絡，真高興」，哪一種聽起來比較舒服呢？前者和後者聽起來感覺截然不同對吧。

舉例來說，如果隔了很久才聯絡的朋友回你一句「最近你都沒和我聯絡，我還以為你身體出狀況呢」，會感覺像是被責怪，而心裡不愉快。甚至有人會心生排斥，而在心裡嘀咕「枉費我還跟你聯絡，卻把我當病人看待」。

而另一方面，要是對方說**「謝謝你跟我聯絡，我真高興。看你氣色不錯，真是太好了」**，就不會心生愧疚，反而還會心想「還好主動聯絡他」，而能相談甚歡。

對隔了許久才聯絡的朋友，在答覆方面還有一項要注意的要點。一般人往往會不自主脫口說出的是**「我也正想跟你聯絡呢」**這句話。說話者自認為這句話背後帶有「我都沒主動聯絡，真抱歉」的含義，但對方聽了，往往會覺得「既然這樣，為什麼不主動先跟我聯絡」，而心生不悅。

所以在回答時，要拿掉不必要的顧慮，跟對方說「謝謝你跟我聯絡，我真高興！」率直的傳達你的**喜悅和感謝之情**。

不該說的話

✕受教了

對於客訴該如何應對，特別值得參考

討喜的好話

加上「具體的話」，
比較容易讓對方感受得到

008

在對話時，常有向說話對象表達「感想」的機會。如果內容只是像**「受教了」**、**「值得參考」**這種含糊的話語，會讓人以為這是客套話。尤其當對象是客戶或上司時，在回答時很想打安全牌，所以往往會說出這樣的話來。

不過，對方講得那麼認真，你要是**最後就只是簡單的用一句話歸納**，會讓對方感到失望。

聽說有位公司員工每次聽上司提供建議，就會回一句「受教了」，結果換來一句臭罵「你就只會受教，根本就沒親身實踐嘛！」

不過，也沒必要說得太複雜。重要的是，別光只是一句人人都會用的通用語，而是要**加入「自己的話」**。尤其是對自己聽到的談話內容發表感想時，不妨說一句「平時令我傷透腦筋的客訴該如何應對，這類的案例特別值得參考」，到底是什麼讓你受教了，**就算只有一句話也好，記得用「具體的話語」來傳達你的想法**。

雖然不必詳細說明，但只要補上一句來說明是「什麼」讓你受教，談話的對象對你的印象也會就此改變。為了讓自己的想法和感受能「化為言語」，建議要撥出時間面對自己。

不該說的話

✕ 妳今天眞可愛

妳今天也一樣
迷人

討喜的好話

「今天……」不 OK。
「今天也……」才 OK。
比起「可愛」，用「迷人」更好。

009

如果有人對妳說「妳今天也一樣可愛呢」，聽了不會覺得不舒服，但要是對方說「妳今天很可愛呢」，是不是會覺得有點失望呢？這是因為**「今天……」**帶有「平時不可愛，但唯獨今天不一樣」的負面含義，而**「今天也……」**則表現出「平時就很可愛，而今天也一樣可愛」的正向含義。儘管說的一方沒特別注意到兩者的差異，但有時卻會因為這樣而招來嚴重的誤會。

以前我曾聽某位女性提過一件事，頗具代表性意義。那是這位女性與公司同事在假日出外約會時發生的事。她鬥志昂揚的穿上新買的連身洋裝，結果對方對她說「妳今天真可愛呢」。這位女性聽了之後，當這句話的意思是「他在公司裡都不覺得我可愛」，就此心情沮喪，連請了數天假。雖然這個例子有點極端，不過，可見**「今天……」和「今天也……」的用法有多麼值得注意**。

另一點希望各位注意的，是「可愛」這個形容詞。「可愛」會因為和對方之間的關係，而讓人覺得是一種「居高臨下的視線」。如果雙方明顯是上對下的關係，或是關係親密，那就另當別論，但如果不是這種關係，聽對方這樣說，會有種受鄙視的感覺。

因此，既然要誇讚對方的外觀，還是改說成**「今天也一樣迷人」**比較能放心。

第2章 請求、拜託

「有事請求或拜託時，要如何讓對方爽快答應呢？」這應該是每個人都很苦惱的問題。

「如果是為了他，就算再忙我也會答應」、「這也有可能會對我有益處，那我就試試吧」，如果能讓對方這樣想，那就成功了。相反的，也常會有讓對方認為「他都不知道我有多忙，就算拜託我，我也幫不了他」、「別丟燙手山芋給我」，而引來反感的情形。

請人幫忙的大前提，是先詢問對方的行程。此外，要確認自己想請人幫忙的案件是否有需要的技能和知識。對當事人來說，如果這是具有挑戰性的業務，就要將努力達成後，資歷也將就此提升的優點，也一併讓對方知道，這點很重要。平時明明沒那麼熟，但每次遇到困難時，總會拋工作過來，這種人很不受歡迎。如果想讓對方爽快的答應幫忙，就得好好努力，主動展開一場愉快的溝通。

這項企劃很重要。
你要好好幹哦。
是！
不行~你想得太簡單了。
可以做得再徹底一點嗎？
丟
我說，那項企劃我也有參與。
呃……再徹底一點是怎樣……
茫然~
可以讓我看一下嗎？
原來如此！這部分不太好懂，所以希望你改一下。是這樣沒錯吧，部長！
咦？
嗯，對。

不該說的話

✕ 好好的 仔細的 徹底的

這項作業
請做到這個程度

討喜的好話

指示如果不「具體的」傳達，
有可能會造成事故

010

需要精細的作業時，會想到使用**「請徹底的處理」**這樣的說法。這和三十六頁的「一點點」同樣是很含糊不清的表現方式，所以要特別注意。

舉個簡單易懂的例子，就來談談我在工地現場常聽到的對話吧。對於從事危險工作的人們，有時會下達「請徹底確保安全」這樣的指示。「徹底」是很強硬的用語，人們往往會認為，只要有基本的了解，就不會有問題。但工地現場有很多外包或發包的工作，有人根本不明白原本的工作內容為何。而這些人憑自己的感覺作出「像這樣總可以了吧」的判斷，因而受傷或引發事故的案例不勝枚舉。

為了避免這樣的事態發生，我們必須**明白的說出「這項作業請做到這個程度，以確保安全」，並加入任誰聽了都能理解的具體數字**，下達「細部指示」。

與「徹底的」一詞很類似的，還有「好好的」、「仔細的」、「認真的」，一般也很常使用，但說者與聽者之間，如果沒確認「什麼事要做到什麼程度」，就容易出狀況。

自己的要求和期待，如果不從頭到尾說明清楚，對方不會了解。抱持這樣的想法，就算再麻煩，也要一一向對方傳達清楚，這才是最後能順利推動工作的祕訣。

不該說
的話

可以占用您一點點時間嗎？

您能撥出約十分
鐘的時間嗎？

討喜的
好話

避免模糊不清的表現方式，
連時間和日期都要傳達清楚，
這是重點

011

「可以占用您一點點時間嗎？」常有人會這樣問話。不過，這裡的「一點點時間」，**聽在不同人耳裡，會有截然不同的想法**。有人認為「三分鐘」、「三十分鐘」或「一小時」是一點點時間，也有人會認為「邊吃邊聊天比較好吧」。這種時間感的差異，往往是造成人與人之間意見分歧的一大主因。

例如當我們打電話到別人的事務所時，對方回說「現在負責人不在，我會請他待會兒回撥」。這句「待會兒」對你來說，感覺大概是多久？我在舉辦企業研習時問過這個問題，結果每個人的回答都不一樣。短一點是「五分鐘」、「十分鐘」，或是「三十分鐘」到「幾個小時」之久。也有人是回答「當天」、「隔天之前」，從五分鐘到隔天，時間範圍相當廣。

也就是說，如果以為用**「一點點」**、**「待會兒」這類模糊不清的用語**，就能讓對方明白我們的「想法」，那可就大錯特錯了。

因此，希望占用對方時間，或是要對方等候你回覆時，請像**「可以占用您大約十分鐘的時間嗎？」**、**「我明天中午前會回覆您」**這樣，要「具體的」告知期限或日期。此外，如果你沒能達成承諾，要「事前」請求變更時間並致歉，以避免違背承諾，這點也很重要。

不該說的話

✕ 如果可以，
請早一點完成

請在月底前完成

討喜的好話

「如果可以的話」、「早一點」也是在表現上模糊不清的危險句子

012

不光是面對面交談，以電子郵件或聊天軟體向人拜託時，許多人也都常會在無意識中使用**「如果可以的話」**、**「如果可能的話」**這種沒必要說的話。就算開口請託的人自認這是替對方著想，但對方聽到這句話，會覺得「如果能做到的話再配合吧」，而就此將優先順序往後調。

相反的，忙碌的人時時都會思考行程的優先順序，所以會無法明確知道這樣得在什麼時間以前完成，這是會讓他們感到困擾，不知如何應對的一句話。

因此，不妨說一句「希望能請您**在這個月底前**完成這個案件，如果有困難，請和我討論」，清楚傳達你的要求。如果太過顧慮對方，對方很可能會不當一回事的回一句「因為你之前說『如果可以的話』，結果我工作排得太滿，所以完全沒動」。

「盡可能早一點」這句話，對方聽了也可能心想「既然他說盡可能，那就不用馬上去做」。「早一點」**也是一種模糊不明的表現方式，不同的人聽了會有不同的感受**，有可能會引來不必要的麻煩，所以最好避免這樣用。像這種情況下，要具體的詢問「這個案件可以請您在這個星期五下午五點前完成嗎？」而在清楚得到回應「Yes」或「No」之前，要持續溝通。這麼一來，就不會有「我明明就不是那個意思」的這種認知差異，事情才能順利推動。

不該說的話

請趁有空的時候完成

請在「本週內」完成

討喜的好話

有時「替人著想」或「顧慮」是引發問題的根源

013

因為太過顧慮對方，而容易招來誤會，沒必要說的話，其實還有很多。例如像**「有空的時候」、「趁空檔的時候」、「我不急」**，這種以對方方便為優先的請託方式。

有位上司先做了這樣的「開場白」，然後才委託部下工作，日後在詢問「上次那件事處理得怎樣了？」時，換來了一句「因為抽不出時間，所以還沒處理」。對這樣的回答感到不耐煩的上司，就此扯開嗓門喊道「為什麼沒處理！」結果下屬到法規督導窗口控訴他權力騷擾。

時間對任何人來說都很重要，所以除了非做不可的事之外，都會接連「往後順延」。當中如果多出「有空的時間」，會想先用在自己身上。當然了，或許也會有一些根本就不急，可做可不做的半吊子案件。不過，不管怎樣的工作都會有交期。

向人請託時，要明確訂出日期，例如像**「請至少在兩週內完成」**。在這種情況下，如果需要調整行程，時間經過愈久，對方的預定時間愈容易排滿，所以在問過對方的需求後，要馬上回覆。或是我方主動傳達需求，並告訴對方**「請在明天之前答覆我」**，持續溝通，好能夠在短期間內決定。

不該說的話

這能不能想想辦法？

這部分不容易懂，請改一下

討喜的好話

把模糊不明的「燙手山芋」丟給別人，很可能會構成權力騷擾

014

丟出燙手山芋，完全不當一回事的上司，是最令部下感到頭痛的人物。有時還會被下屬以權力騷擾的名義一狀告上公司內外的諮詢窗口。而最具代表性的一句話，就是像**「想想辦法吧」**這種**模糊的指示或命令**。

舉個例子，我曾經接受過某個諮詢案件。當事人由於上司一再將他做的資料退件，並對他說「你就不能再想想辦法嗎？」他就此引發精神疾病。聽說他當時詢問上司「請問是哪裡做不好？」但上司卻說「這種事，你自己去想」，沒搭理他，他很認真的一再重做，就此被逼入絕境。我認為像這樣的問題，今後會愈來愈多。為了避免成為權力騷擾的加害者，也特別需要注意。

為了避免這樣的事態發生，必須清楚的說**「這部分不容易懂，請改一下」**、**「這部分可以改成像這樣嗎？」**下達「具體的指示」。

在委託對方工作時，或是希望對方趕工時，有人會開口拜託道「能不能想想辦法？」這也是錯誤做法。不妨說**「這項工作這禮拜內要交件，可以請你幫忙做到這個程度嗎？」**、**「這個案件可以趕在明天之前完成嗎？」**清楚傳達「日期和內容」，來向對方請託。

不該說的話

✕ 像這樣的小 CASE，你一定沒問題吧？

○ 這項工作想請您處理

討喜的好話

瞧不起對方的請託方式，只會惹來反感

015

當上司對你說**「像這樣的小CASE，你一定沒問題吧？」**或是說**「這項工作務必希望由您來處理」**，何者會讓你爽快的答應？對方要是像前者一樣瞧不起人，用試探的口吻說話，聽了應該無法坦然答應，心裡很不是滋味吧。相反的，如果對方的請託方式，能讓人感受到對自己的信賴和期待，應該就會湧現幹勁，而覺得「我可能辦得到。那我就努力看看吧！」

換句話說，儘管受託做同樣的事，但到底**是「被瞧不起」還是「備受期待」**，光憑能聽出箇中差異的這一句話，對方的反應就會有一百八十度的轉變。

受請託的一方，會想知道對方的**「意圖」**，究竟是對自己的哪一方面抱持期待。要是沒能明白這點，而又看出對方只是隨便請託，不得已才挑選了自己，就會心存提防，抱持反感，對工作的幹勁也會一口氣下滑許多。

「辦得到、辦不到」的想法，也有很大的落差空間。我曾經聽說某人問部下「誰會用電腦？」有個人說「我會」，他就委託對方製作資料，結果對方根本就只會收發電子郵件，連PowerPoint都不會。而另一個說「我不會」的人，其實只是對PowerPoint的高難度活用技巧沒什麼把握。每個人的想法就是有這麼大的差異，所以請別忘了詢問**「什麼事能做到什麼程度」**，進行細部的確認。

不該說的話

✕ 拜託您了

這份資料就
拜託您了

討喜的好話

要留意「拜託您了」的濫用
以及使用方式

016

「拜託您了」算是在商業場合中最常使用的一句話。如果說這是不必要說的話，或許有人會心想「那我從明天起該說什麼才好？」其實不需要操這個心。我希望各位注意的是「使用方式」，**而不是說不能使用**。不過，若是因為方便好用，就在無意識下濫用「拜託您了」，有時會引發意想不到的麻煩。

以前曾發生過這樣的案例。有位朋友說，他收到一封和工作委託有關，寫得又長又難懂的電子郵件，在文章最後寫了一句「情況如上，拜託您了」，看了大感光火。我詢問原因，他說「對方就這樣拋來一個莫名其妙的工作，拜託個頭啦」。周遭的人聽他這麼說，大部分也都表示贊同。他們一定也都有過類似的經驗吧。

像這種情況下，就要說一句**「製作這項資料的工作，就拜託您了」**，必須簡單明瞭的傳達**「想拜託的正事為何」**。

此外，儘管拒絕了對方的請託，但對方還是接著說「以後還要繼續拜託您」，有人聽了會心生排斥。要是像這樣一直到最後都還是將「拜託您了」掛嘴邊，會讓對方感到不愉快，所以使用方式請特別留意。

不該說
的話

這也順便拜託你了

可以請您再追加
這份工作嗎？

討喜的
好話

「順便處理沒關係吧」
這種沒禮貌的占便宜方式行不通

017

在現今的時代，有很多場合都能感受到「非正式員工」與「正式員工」的意識差異，以及「年輕世代」與「上個世代」間的世代隔閡。抱持「個人比工作優先」想法的人也愈來愈多，除了自己的固定工作，其他一概拒絕，同時也絕不加班，這樣的人也陸續出現。甚至聽說有人到公司上班，上司要求他要向人問候，他卻拒絕道「就業規則上沒這條規定」。

不過，在上個世代，不以加班為苦，將自己的人生都獻給公司的人也不少。因此，將自己視為理所當然的事，要求下個世代也要做到，就此引發問題的案例，可說是層出不窮。

「順便拜託」也是其中之一。這是抱持「只要對方能力所及，什麼都希望交由他做」這種想法的人，與認為「自己的工作到哪個範圍，希望能區分清楚」的人，很容易意見分歧的一句話。

尤其是因業務發包或是以自由工作者身分接案的人，**這種「順便幫個忙沒關係吧」的占便宜做法對他們是行不通的**。很可能會被認定是黑心企業。

就算是公司員工之間，以「順便」的名義被迫幫忙的，往往都不是什麼重要案件，所以會覺得自己被瞧不起。為了不讓對方有這種想法，要特別說一句**「可以請您再追加這份工作嗎」**，跟原本的案子區隔開來特別請託。此外，這始終都只是追加，就算被拒絕也是沒辦法的事，要先作好這樣的心理準備，試著向對方請託。

不該說的話

✕ 請別這樣做

請這樣做

討喜的好話

向人請託時，要用「肯定句」，而不是「否定句」

018

不經意的關上辦公室的房門時，對方指示「啊，請別關門」，和開口請求「可以請您把門打開嗎」，哪個聽起來心情比較好呢？

兩者同樣都是「希望維持開門狀態」的要求，但前者是「請別〇〇」的否定句，後者則是「請〇〇」的肯定句，兩者給人的印象大不相同。這在日常生活中的各種場面下也是同樣的道理，比起「被下達否定句的指示」，一般人更能接受「肯定句的請託」。

在指責部下的疏失時，與其說「請別那樣做」，否定對方過去做過的事，還不如說「接下來請這樣做」，對未來給予肯定的建議，這樣才能讓對方積極正向的投入。比起「這項資料的交期請絕對不要延誤」這種說法，「請遵守這項資料的交期」這種說法更能讓人拿出幹勁。

就算是朋友，與其說「這個月我很忙，所以沒辦法見面」，不如說**「下個月我有時間，到時候就能見面了」**，彼此聽了心情也會比較好。不光只有請託，於公於私，對話的基本原則都是**「肯定句」**。用「否定句」說話的人，會給人負面印象，有損形象，要特別注意。

第3章 拒絕的方法

不懂得如何「巧妙拒絕」的人還真不少。「拒絕的話，也許會惹人厭」、「拒絕的話，恐怕就沒有下次的工作了」，會有這樣的擔心，因而勉強自己接下做不到的事，或是不想做的事。我想各位也都有這樣的經驗。

首先，我希望各位記住一點，那就是「拒絕≠排斥」。

「要是拒絕，就像是在排斥對方一樣，會讓人覺得不愉快」，有很多人都這麼認為，其實沒這回事。倒不如說，有時就是因為不擅拒絕，給對方帶來困擾，使得雙方的關係惡化。如果想要巧妙的拒絕，希望各位能先學會幾項祕訣。

例如在拒絕時，未必要告知理由。此外，明明沒有意願，卻又做出模糊不明的答覆，千萬不能這麼做，這點很重要。要清楚的表明「我不行」、「我不去」。如果想維持雙方的關係，就務必要提出「替代方案」。

在這個章節，請朝學會如何「巧妙拒絕」邁進吧。

這份文件可以在今天整理完畢嗎？
沒問題！
今天的會議是從下午兩點開始，你能去嗎？
部長，我做好了！
哦，真是幫了我一個大忙！
對了，你的會議時間沒問題嗎？
那件事我拒絕了，
沒問題。
咦？
冒出
嘿呀
既然要拒絕，那就應該說「我不行」才對吧?!
嚇
來了！
颼

不該說的話

✕ 沒問題

我知道了。
我不行

討喜的好話

同時具有「Yes」和「No」兩種
含義的「沒問題」，會招來誤會

019

日文的「大丈夫（沒問題）」，原本的意思是「高大的男人」，是用來表示「可靠，令人放心的模樣」的一句用語。從此衍生出不同的含義，一般都是在「我明白了」、「我行」的含義下使用。

但最近用在反面的意思上，當作是「我不做」、「我不需要」、「我不行」等拒絕的用語，這種情況相當明顯。因此容易引發誤會。

我的講師同事們也說，之前請人準備工作要使用的資料時，對方說「啊，那沒問題」，他一直等對方寄資料來，結果原來對方是拒絕他的意思，害他吃足了苦頭。

私下和熟人交談時，不太會因為「沒問題」這個用語而有會錯意的情形。因為了解彼此的「說話習慣」。但在與各種人展開交談的生意場合中，使用同時具有「Yes」和「No」這兩種正反含義的用語，會是引發問題的根源。尤其是當接受別人委託時，說一句「沒問題」，更是危險。

如果能辦到，就說**「我可以」**、**「我明白了」**，如果不能辦到，就說**「我不行」**、**「這太困難了」**，清楚表達含義，這樣就不會招來誤會，可以放心。

不該說
的話

✕ 我現在有點忙

這個禮拜有困難，
如果是下禮拜的話

討喜的
好話

說「我很忙」，就像在說
「我沒辦法撥時間給你」

020

受人請託時，以「我很忙」當藉口拒絕，是常有的事。「因為很忙」、「因為我排滿了工作」、「因為忙得不可開交」，也是很常聽到的說詞。不過，這句拒絕的用語，就如同在告訴對方「我沒辦法撥時間給你」，相當失禮。而不失禮的方法，就是告訴對方**「這禮拜有困難，如果是下禮拜的話……」**要明確告訴對方，什麼時候才能幫忙。

當拒絕的理由不是因為忙碌，而是和工作內容有關時，就要說**「我目前還不具備這項工作所需的技能」**、**「業務內容沒交接」**，坦白告知你辦不到的原因。這麼一來，對方也會思考對策，看是要找別人商量，或是針對你辦不到的部分，檢討有沒有辦法提供協助。

最糟的做法，就是將你不想做的工作，以及沒能力處理的工作，全部用一句「我很忙」當藉口拒絕。這麼一來，對方會認為「這個人就只會找藉口，根本就無心要做」，而失去對你的信賴。拒絕本身並沒錯。可一旦用錯拒絕方式，與對方的關係就會惡化。

因此，首先要告知對方自己**「辦不到的理由」**，如果有**「替代方案」**，就當場提議。這麼一來，被拒絕的一方也能理解「原來是這麼回事」，而不會覺得不愉快。替代方案是轉換心情的橋梁。

✕ 如果可以，我也很想做

因為不方便，
所以沒辦法

討喜的
好話

在拒絕時，
還是別詳細說出「理由」比較好

021

想看出現場氣氛，避免與人摩擦的日本人，不習慣清楚說出「Yes」或「No」。因此，想拒絕別人的請託或邀約時，往往會不自主的說出沒必要講的話，例如**「如果可以，我也很想做……」**、**「其實我很想去……」**

不過，這話一說出口，也有人會認為「既然說你想做，那就做啊」、「既然你真那麼想去，那就去啊」。有時或許還會吐槽道「既然你真那麼有心，那我希望你能調整一下其他行程來一趟。」

此外，以**「那天我和人有約」**來搪塞也不太恰當。因為，以其他預定計畫優先，會讓對方以為「他的其他事比我更重要」，就此讓對方感到不悅。要拒絕時，坦率的說出**「那天我不方便，所以不能去」**，是最好的做法。

此外，在拒絕別人時，千萬不能扯謊說「我要去醫院」。

真有人就是因為說謊請假，跑到迪士尼樂園玩，結果和相關人士不期而遇，此事轉眼在公司裡傳了開來，就此信用破產，為此長吁短嘆。有時就是會因為沒必要說的一句話而自掘墳墓。

要拒絕別人，就得說得「簡潔」、「明白」。

不該說的話

✕ 我做不到

我還沒具備這種技能，所以沒辦法勝任

討喜的好話

用「做不到」來宣告自己沒辦法做到的人，是「愛討拍的人」

022

用「我做不到」來拒絕的人，可分成兩種類型。一種是不想因為自己無法勝任的工作，而給公司添麻煩，所以才說「我做不到」的**「顧慮」型**。另一種則是向人宣告「我做不到」、「我沒辦法勝任」，想藉此吸引對方注意，而開口對他說「你沒問題的」、「才沒這回事呢」，算是**「討拍」型**。很多人是在無意識中變成愛討拍的人。

如果是前者，只要說一句「我還沒具備這種技能，所以沒辦法勝任」，「具體的」告知自己無法勝任的工作內容，這樣對方應該也能諒解才對。還能進而得到「建議」，看如何讓無法辦到的工作轉為有能力勝任。

另一方面，如果是後者，則很有可能會被認為是個難搞的人，而處處惹人嫌。甚至有人會認為別和這種「愛討拍的人」走太近比較好，而主動劃清界線。愈是跟周遭的人做「討拍宣告」，嚷嚷著說「我做不到啦～」周遭人愈會像浪潮退去般，紛紛避而遠之。

人們常會不經思索就開口說「這種事我做不到啦」，但有人被這麼一句「做不到」拒絕，會就此怒火中燒，或是內心受創。別隨便開口說「我做不到」，而是要**告知自己「沒辦法勝任的理由」後，再加以拒絕**，這樣才不會引發不必要的衝突。

不該說的話

✕ 我沒那個意思

我的認知不是這樣

討喜的好話

自己與他人的「想法」不會完全一致，最好要有這樣的認知

023

「我以為那項工作不是由我負責」、「我以為那件事不用做也沒關係」，像這樣的說詞，各位是否也曾經說過呢？

每個人都排斥承認「自己的過錯」。想怪罪到其他事情上、不知者無罪，基於這樣的想法，會說出各種藉口，但聽者只會覺得這是在推卸責任。

像這種情況，不妨告知情況，說一句「我的認知不是這樣」。為了不再犯同樣的錯，請記得問一句**「今後我該怎麼確認才好呢？」**。**「商量今後的對應方法」是不可或缺的要事**。

話說回來，自己和對方是不同的兩個人。什麼事該做到什麼程度，如果沒先確認過，彼此的「想法」不可能剛好吻合。如果對這樣的差異沒有自覺，而持續在不清不楚的溝通下推動工作，就會再次發生同樣的認知落差。

重要的是「確認」自己的「想法」是否有錯，讓它達到「認知」無誤的程度。記得別憑藉自己的判斷，而擅自認定「這項工作只要做到這裡就行了吧」、「這個不用做也沒關係吧」，**別捨不得花時間確認**「真的這樣就行了嗎？」有沒有開口詢問，關係著是否會對人際關係造成裂痕，不可不慎。

不該說的話

✕ 這我沒在用

可以採取別的做法嗎？

討喜的好話

別單方面的用「做不到」、「我不做」來拒絕，要採取折衷辦法

024

電子郵件、社群網路、聊天軟體等溝通工具日漸多樣化，而面對這類的工具，「善於使用的人」與「不會使用的人」之間的差距逐漸拉大。

舉例來說，有個團體要以 LINE 和 Facebook 組一個群組。要是沒使用 App 的成員說「這我沒在用」、「我沒用過，所以我沒辦法加入」，會有什麼感覺？這種單方面拒絕的說法，好像我方被否定似的，會覺得不是滋味。尤其是在工作上，說這種話甚至會被看作是無心參與。

當然了，要怎麼使用是個人自由。不使用 App 並不是什麼壞事，也不能以此加以批評或否定。不過，若只是單方面的說一句「我不會」、「我不碰」，與別人的關係就會漸行漸遠。

像這種情況，就要提出像**「可以採取別的做法嗎？」**、**「我不懂得怎麼使用，請教我」**這樣的替代方案，或是尋求建議。彼此妥協，朝相互折衷的方向商量的話，往往最後都能達成共識。

針對自己不懂，或是不會做的事，請人教你，而給對方造成負擔時，記得一定要先**「致歉」**後，再表達**「感謝之意」**。勇於挑戰新事物的**「積極態度」**會給人好印象。

不該說的話

✕ 可以拒絕嗎？

我想以這樣的
理由拒絕

討喜的好話

反問後，交由對方下結論，
這種說話方式很奸詐

025

「可以幫我做這件事嗎？」想拒絕這樣的委託時，實在很難直截了當的說「我拒絕」，所以有人會反問對方「我可以拒絕嗎？」

這是交由對方去下結論，拐著大彎傳達自己的意思，是「自我防衛」的一種奸詐對應方式。

類似的回答還有像**「我可以說我做不到嗎？」**、**「我可以不做嗎？」**這種說法。不過，開口拜託的人會希望你做，所以對方會不知該怎麼回答才好。

自己開口請託，卻遭對方以提問回覆，應該會內心為之慌亂。因為這就像在說「你知道我的情況嗎？」帶有要對方「體諒一下我吧」的含義在。面對請託，以提問的方式讓對方感受你的拒絕之意，是很失禮的行為，同時也會讓對方感到不愉快。已習慣用這種說話方式的人，今後請留意，別再繼續使用。

想要拒絕時，不妨說一句**「目前我有另一項工作交期就快到了，所以請容我婉拒這項請託」**，簡潔的表達拒絕之意。而開口請託的一方，也會接受這個說法，心想「這也是沒辦法的事」。

清楚表明自己的意思，能促成雙方的信賴關係。

不該說的話

✕ 那個我不能接受

我很怕這個，如果能換其他東西，那就太感謝了

討喜的好話

與其單方面的「不能接受」，
不如改用正向的說法，
來展現協調性

026

與朋友或公司的同伴一起用餐、旅行時，你會不會**「完全否定」**自己害怕或不擅長的事物，而說出像「我不能吃辣」、「我不能坐飛機」這類的話呢？或許有人是因為心想「不能接受的事要早點說，之後才不會造成對方的困擾」，才這麼說。但聽的一方應該會覺得「難得有這麼歡樂的氣氛，但有個這麼任性的人在，讓人興致大打折扣」。

此外，「不能接受」這句話，會讓人感受到「強大的壓力」，覺得沒半點妥協的空間。因此，有時會被當作是個自我中心的人，欠缺協調性。

如果想傳達同樣一件事，不妨說**「我怕辣，要是有不辣的菜，就幫了我一個大忙」**，或是「不好意思，我不敢坐飛機，所以要是能約在當地見面，就太感謝了」，以謙虛的態度，改換成**正向的語意**吧。

重點在於，不管是自己再怎麼無法接受的事，也不要單方面的否定或是拒絕對方。例如像對食物會過敏時，就應該清楚的告知一起行動的人，不過，興趣嗜好和生活習慣，則會因人而異。硬將自己的好惡或價值觀加諸在對方身上，會造成人際關係的惡化，所以在說話方式上請小心留意。

毫不客氣的講出「不能接受……」、「討厭……」這種話，是你的損失哦。

第4章 替人著想

每個人的價值觀和想法各有不同。你覺得好而特地做的事，對方未必會有同感。有很多人都會過度替人著想。

例如，明明對方說不用，卻還是一路送到門口，在門前一直揮手，直到再也看不到車子為止的人。或是演講者比研習或演講的時間提早到，主辦人就此走進演講者在的休息室內，心想，讓對方自己一個人空等，很過意不去，就此勉強自己陪對方聊天。全憑自己的興趣愛好買回伴手禮，事後一再問別人感想的同事或朋友。這都是基於善意的考量所採取的行動，但有時反而會發生像「他一路送我到門口，我就算想去洗手間也不好意思去」、「他一直跟我說話，害我沒辦法事前再檢查一遍，連要休息一會都不行」、「他送我當伴手禮的化妝品，氣味很糟，他還問我感想，真不知道該怎麼回答」這類的情形。

用心替人著想，有時反而會造成別人的困擾。不是為了自我滿足，而是真的希望對方能高興，若能這樣替人著想就對了。

啊～真是的！
火大
最近怎麼每天都在加班啊！
不是只有你
冒出
因為大家也都很努力……
拍
幹勁 0
唉～～
接下來，去吃碗拉麵吧
你已經很努力了。
再撐一下吧！
女神……

不該說的話

因為大家也都很努力

你很努力呢

討喜的好話

「大家」是誰？
人們只希望別人能認同自己

027

當自己很努力時，要是別人對你說一句「因為大家也都在做」、「因為大家也都很努力」，會覺得很沮喪對吧？你心想**「大家指的是誰？」**而詢問是誰都這麼做，結果才知道，只有說這話的人自己這麼想，這是常有的事。

「大家」一詞，是用來要求全部一樣時，很好用的一句話，所以時常會不自主的使用。不過，拿著「大家」當盾牌，將自己的意見正當化，誇大自己的發言，背後這種想法隱約可見，尤其是在下達指示或提醒別人注意時，更應該審慎使用。因為這聽起來就像「大家」都對，只有「你」錯，給人一種自己遭到否定的感覺。

若與其他人比較，或是以自己憑主觀決定的**「大家都認為理所當然」**或**「一般都是」**為前提來對人說，也會影響對方的心情，引發不必要的麻煩。因為如果有人說「大家一般都是這麼做，所以你也做」，我們都不會乖乖的心想「對，沒錯」。

我在接受別人諮詢時，如果有人問我「大家都是怎麼做？一般會怎麼做？」我都會說「每個人不一樣。重要的是你怎麼想，想怎麼做」。如果是想慰勞對方的場面，就更應該這麼說。要避免要求全部一樣，並單獨對個人說一句**「你很努力呢」**、**「你是這麼想對吧」**，才是最好的做法。

不該說的話

✕ 小東西，不成敬意

這是我的心意

討喜的好話

在送贈禮或伴手禮時，如果表現得過度卑微，有時也會惹人厭

028

最近一般人都逐漸傾向不會這樣說，不過在送贈禮或伴手禮給客戶或拜訪對象時，還是有人會自認謙遜的說**「只是個不成敬意的小東西」**、**「只是個不值錢的東西」**、**「就只是一份小小的薄禮」**。

不過，現代人說這種話，有人聽了可能會覺得「既然是不成敬意的小東西，就別帶來嘛」、「不值錢的東西，我才不要呢」，而引來誤會。

不過，若只是說一句「請笑納」，又會覺得太冷淡，而心生歉疚。像這種情況，最好說一句**「這是我的一份心意，請品嘗」**、**「買了我很喜歡的糕點，就是不知道合不合您的胃口」**。

如果是在人氣商店買來的講究商品，反而應該說一句「這是最近蔚為話題的糕點，很希望你們也能一起嚐嚐」，讓對方知道你是專程買來贈送，這樣比較能讓對方開心。完全沒必要表現得很卑微，或是把禮物說得很糟。

我再重複一次，溝通的基本原則，是**不使用負面的字眼**。有些場合，需要的是日本人重視謙遜或謙虛的低調態度。但要是謙虛過度，反而會讓對方感到不愉快，所以請多加留意。

不該說的話

✕ 什麼都可以問我

在〇〇方面如果有不清楚的地方，請向我詢問

討喜的好話

說一句「什麼都可以問」，會教人不知該問什麼才好

029

「什麼都可以問」常用在各種場面，是方便好用的一句話。替對方著想時，如果說一句**「什麼都可以問」、「我什麼都可以幫你」**，感覺像是個很想幫助別人的「好人」。

不過，有人一聽到「什麼都可以」這句話，就「什麼也」說不出來。相反的，也有人會覺得「連這種事也能問嗎？」結果連一些無關緊要的事也拿出來問。如果不是有彼此共有的事物，有相當程度的互相了解，「什麼都可以」的範圍會過於廣泛，而不知道該問什麼才好。

提問和疑問，只會從自己明白的事當中產生。對什麼都不懂的人說「什麼都可以問我」，就如同是**放著不管他**，反而會給對方一種疏離感。

對新進員工說「什麼都可以問我」，但對方什麼也沒說，所以以為對方工作進行得很順利，結果根本就什麼也沒動。常聽說有這種案例。

這種情況下，只要說一句**「這份資料如果有哪裡不懂，請儘管問我」**，對方也會比較能開口詢問。「有什麼事的話，請跟我聯絡」也是同樣的意思，只要針對彼此的共通事項來說，就不會有問題。不過，如果只是像在說客套話般，模糊不明的這樣說道，有人會心想「到底是什麼事？」而感到困惑。

不該說的話

✕ 這件事你先做。你一定辦得到

我想交給你處理。不過，有不懂的地方，請儘管問我，不用客氣

討喜的好話

如果只是說一句「你一定辦得到」，聽起來像是硬塞給對方

030

有時雖然自以為是替對方著想，尊重對方，但反而惹對方不高興。「你一定辦得到」、「以〇〇你的能力，一定辦得到」，像這類的說法也算是其中之一。

如果彼此都認為「辦得到」，而當這是勉勵的話語，那就無妨。不過，對不知道該做到什麼程度的人，要是隨口說一句「這件事你先做。你一定辦得到」，只會讓人覺得是硬將工作塞給他。同樣的情況如果一再發生，對方的不信任感也會愈來愈重。

為了減輕這種負面感，不妨說「我想交給你處理。不過，如果有不懂的地方，請儘管問我，不用客氣」，**加上這麼一句「補充說明」**。光是這樣一句話，聽者的感受就會截然不同。

要注意的是，當對方說「這我沒辦法」、「這我沒做過」，而前來諮詢時，卻只回一句**「沒關係的，你一定辦得到」**，沒特別搭理的這種案例。像這種情況，對方很可能會跑去投訴道「他都不教我工作。」本以為是替對方著想才這麼說，最後卻造成對方投訴抱怨，這樣根本就本末倒置。

為了不造成誤會，不能光靠一句「你一定辦得到」就了事。一定要備好你這麼想的「根據」，做好補充說明。

不該說的話

✕很失望對吧

就是有這種事
對吧

討喜的好話

別說會讓對方產生負面情緒的話

031

當我們聽人說「竟然有這麼討人厭的事？」、「展現不出結果，我吃足了苦頭」這種負面的話語時，你是不是會回一句**「真是太慘了」**、**「你一定很失望對吧」**，不自主的說出心中想法呢？

就算說者沒有惡意，但聽在當事人耳中，見自己的事被對方用一句負面的話語來作總結，只會覺得對方不當一回事。原本說這話是替對方著想，卻反而像是朝傷口抹鹽，人際關係就此惡化。所以愈是談到負面的話題，遣詞用句愈需要謹慎。

當下得馬上說句話時，要毫不猶豫的換種說法，其基本原則就是**「直接擷取對方說的話」**。只要說一句「就是有○○這種事對吧」、「結果不如預期對吧」，不用變更對方說過的話，以此傳達對方的狀況和心境，這樣就行了。在提供諮詢的場合中，也得時時留意這點。

當事人自己說出「覺得很遺憾」、「我好失望」這樣的負面話語時，就算用同樣的話回覆，應該也沒問題。不過，絕不能說出比對方更負面的話語。對方心裡會想「我想和這個人再多談談」，還是「我不想再和他多談了」，全看你是否有這樣的用心。

不該說
的話

我猜你不知道

你或許知道

討喜的
好話

「你應該不知道」，這種瞧不起
人的態度再明顯不過了

032

要和人聊到祕密，或是只有「一小部分人」知道的事情時，要用什麼口吻才適合呢？

「**我猜你不知道**，其實有這麼一件事哦」、「**你可能不知道**，那件事其實是這樣的」，或許有人會先來這麼一段沒必要的開場白，才開始往下說。就算說的人沒惡意，但或許是想向對方傳達「我要告訴你一件你還不知道的事」這種特別的感覺，才會這麼說。

不過，說話者存在著一種「接下來我要說的事，你不知道。不過因為我消息靈通，所以我知道」的態度，任誰都看得出來，那是一種居高臨下，很沒禮貌的用語。

因此，就算是對方百分之百不知道的內容，也沒必要強調「你不知道對吧？」，不妨**先捧一下對方，說一句「你或許知道」**。

如果對方聽你這麼說之後，驚訝的說「我都不知道有這麼回事呢！」你便馬上瞧不起人的回一句「原來你不知道？」這也是一大禁忌。

當自己稍微居於優勢時，往往就會在不經意的言談上表現出瞧不起人的態度。因此，要時時留意，當自己愈是居於優勢，愈要用謙虛的態度與人對話，這點很重要。用「居高臨下」的態度講出沒必要說的話，這是一大禁忌。

不該說的話

✕ 請不用在乎我

我配合
大家的意見

討喜的好話

「我沒關係」，
這就如同是在宣告自己的存在

033

不論於公於私，都常會有多數人表決的情況。你是不是曾在這種時候基於顧慮或謙虛而開口說「請不用在乎我，由各位決定就好」呢？這就如同是刻意說**「我沒關係」**，而向人宣告自己的存在。說得更明白一點，以這種方式主張「我」的存在，同時反映出背後「要是不尊重我，我絕不饒你們！」的這種心思。

事實上，如果不問這種人的意見，事後直接向他報告眾人的決定，他有可能會說「為什麼會這樣？我反對！」翻臉不認帳。當中也有人會說「雖然我口頭上說好，但沒向我確認一聲就擅自決定，我怎麼可能贊成」，講出自己的壞心眼，一再的表達不滿，滿腹牢騷。

當你沒任何心眼，是真的想將決定權交給他人時，不妨說一句**「我遵照大家的決定」**、**「由〇〇〇決定，我沒有意見」**，要清楚表示自己會順從決定事項的想法。如果有什麼要求，就說**「只要不是〇〇，我都能配合」**，事前說出自己的要求。能如此明確的表達想法，周遭人也才好辦事。

此外，在接受別人前來告知眾人決定好的事項後，回一句**「我知道了。謝謝你們的討論」**，向對方道謝，這也是一種禮貌，千萬別忘了。短短一句話，能給人留下好印象。

不該說的話

這還比〇〇好多了，不是嗎？

你已經很努力了

討喜的好話

與別人或自己比較，不是「替人著想」，而是「暫時的安慰」

034

假設有個人希望能人事調動，但一直沒能通過，對此頗為不滿。要是同事對他勉勵道「兼職人員連要提出人事調動都沒辦法，你比他們好多了，不是嗎？」他聽了會是怎樣的心情呢？

或是當孩子在足球比賽中輸球時，對孩子說「你們比〇〇隊好多了」，拿其他球隊來比較，當這是在安慰的父母。拿別人來比較優劣，而說一句「你還比較好」，這種說話方式不算是替對方著想。反而會讓對方感到悶悶不樂，煩躁不安，只是一種表面的安慰。話說回來，**「比較」就是一種錯誤**。

善於溝通的人，**「不否定、不解釋、不比較」**。嚴格遵守這個原則。不過，「比〇〇好多了」這種說法，同時具有解釋與比較的含義，所以完全不適用。

如果想鼓勵對方，不妨表達自己的感受，或是與當事人自己作比較。例如對人事調動一直沒能如願的同事說**「你要是能早日如願就好了」**。對踢足球的孩子則是說**「你表現得比之前的比賽好呢。你已經很努力了。」**

當生病受傷，或是遭遇不幸的事情時，如果當事人自己說「能保有這樣的狀態，已經算不錯了」，那倒還無妨。但這種話絕不能由旁人來說。

不該說的話

✕ 你好像身體不太好，最好去醫院就診

你這是這個月第〇次遲到，會影響到工作，最好去醫院就診

討喜的好話

自以為是關心對方身心的不適，但有可能因此惹來麻煩

035

當覺得部下或同事似乎很疲憊，而替對方擔心時，有不少人會自認是關心而開口說**「你是不是哪裡不舒服？沒事吧？」**、**「你好像身體有狀況，最好去醫院看醫生吧？」**

不過，這樣的問候，有時卻會因「我明明沒有不舒服，卻被當成是生病」、「他沒事替我操心，結果害我真的身體出狀況」，而惹來了麻煩。也有人是因為擔心對方而說了這樣一句話，結果被當作是騷擾。

當中也有會抱怨「別把我當病人看」、「不要多管閒事」的**「怪物員工」**，所以涉及個人隱私的事千萬不能隨便亂說。

不過，當對方怎麼看都像是身體出狀況，時常遲到、請假，而會影響到工作時，這就另當別論了。不妨告訴對方「你這是這個月第〇次遲到，會影響到工作，最好去醫院就診」，依據事例來告知事實。**焦點要放在「這會影響到工作」**，而不是「你身體出狀況」上。自始至終都站在工作的執行管理上，這樣的立場很重要。這麼一來，對方也會多一分自覺，明白是自己遲到，給大家添麻煩，而判斷自己有必要作出適當的處置。

尤其是精神狀況不穩的人，很容易因無關緊要的一句話而受傷，需要特別留意。

第5章 誇獎的方式

人們只要受人誇獎，就會感到開心。容易對誇獎自己的人抱持好感，這也是事實。不過，說到誇獎，很多人腦中浮現的是「不愧是、真厲害、好強啊、品味真好、說得真對」這幾種基本的說法，不過，在生意場合中要是老把這些話掛嘴邊，聽起來會覺得很假，令人掃興。

如果想激發對方的幹勁，就不要光誇獎「結果」，也要誇獎「過程」，如果不用具體的語言來表達哪裡表現得好，對方就無法感受得到。例如在誇獎委託對方的文件處理得很講究時，如果能說一句「資料簡單易懂，幫了我很大的忙」，清楚告知你對哪方面給予好評，對你帶來了什麼助益，這樣也能提高對方下次行動時的動力。

此外，對於對方的努力和成果，如果能一併傳達「感謝之意」，會更有效果。若能讓對方深切覺得「大家需要我」、「我受到認同」，便會更具積極性。希望各位也能學會讓對方感到開心、提高幹勁的「誇獎方式」。

之前的簡報通過了。
剛才接到電話通知！
噢～！
資料也整理得很清楚明瞭。
你都忙到那麼晚，真的很努力呢。
做簡報時，說明也都很淺顯易懂！
謝謝！
真是讓人刮目相看呢～
哈哈哈
謝謝誇獎。
真厲害
哎呀～果然有一套！
這是怎麼回事……完全沒有受人誇獎的感覺。
果然有一套
讓人刮目相看呢！

不該說的話

✕ 果然有一套

○○做得眞好，
果然有一套

討喜的好話

如果只說一句「果然有一套」，
會讓人覺得是客套話或是在奉承

036

「真厲害」、「果然有一套」，是誇獎時常說的字眼。不過，要是一用再用，聽起來就會像客套話或是在奉承，而讓人覺得掃興或是失禮，需要特別留意。

話說回來，**「真厲害」、「果然有一套」**，是以**「居高臨下的視線」**來評價對方行為所用的字眼。因為帶有「這件事你辦得真好。不簡單」這樣的語感，所以要是對上位者這樣用，會很失禮。這就像員工不會對社長說「今年的業績真不錯」一樣。

連對下位者說話時也一樣，例如像**「剛才的說明很好理解。果然不簡單」、「能順利的推動那場會議，真厲害」**這樣，哪件事「果然有一套」，哪件事「厲害」，**如果沒加上「具體的理由」就會造成反效果**。

此外，如果只是作出模糊不明的評論，因為有些部下是為了得到好評才工作，一旦給予好評的上司不在了，部下就不再認真工作，這種情況也時有所聞。

而像「果然有一套，只要你肯做，就辦得到嘛」、「我都沒想到你這麼厲害」這種分不清是誇獎還是挖苦的說法，只會讓對方心裡有疙瘩。

就像這樣，即使是誇獎，用語也得謹慎，千萬別當「真厲害」、「果然有一套」可以萬用，而隨便使用。

不該說的話

✕ 對你刮目相看呢

現在已能將這
項工作交給你
負責，我很高興

討喜的好話

居高臨下的說一句「對你刮
目相看呢」，如果使用不當，
有時會引來反感

037

「刮目相看」是很多人都會拿來當誇獎用的話語。但這句話帶有對原本評價不佳的人改觀的含義在。

也就是說，之前對你一直都是負面評價，但後來因為在某件事的契機下，評價由負轉正，所以用它來當誇獎的用語並不恰當。倒不如說，這是表現出「居高臨下」態度的一句話。

當然了，如果雙方是明確的上下關係，見部下克服自己原本不擅長或是辦不到的事，展現出成果，這種情況下使用倒也無妨。這時千萬別忘了，要讓對方知道你刮目相看的**「理由」**，或是因為刮目相看而產生的**「感想」**。

例如**「這麼困難的工作，你竟然有辦法處理，真是對你刮目相看呢」、「你剛進公司時，還很替你擔心，但現在已經成長到這種地步，真替你高興。對你刮目相看呢」**，只要讓對方知道你的感想和理由後，再說出這句「刮目相看」，對方對你的印象也會就此改變。

相反的，如果就只是說一句「我對你刮目相看呢」，有人會覺得自己被小瞧了，也有人會產生反感，覺得「講得好像自己很了不起似的」。

因此，「對你刮目相看」這句話，只有在真的認同認真努力的部下所展現的成果或功績，而想加以稱讚時，才能謹慎的使用，這點請多留心。

不該說的話

✕ 瞧你年紀輕輕，
沒想到挺能幹的嘛

挺能幹的嘛

討喜的好話

涉及年齡和性別的字眼，
要給紅牌

038

就算是誇獎，**與「年齡」有關的發言還是會構成歧視。**

「瞧你年紀輕輕，沒想到挺能幹的嘛」，像這句話分解後，得到的意思是「因為年輕，既沒經驗也沒知識，照理是無法勝任工作才對，但沒想到你挺能幹的嘛」。這明顯是存心找碴，構成年齡騷擾。「明明是女人，卻這麼賣力」、「明明有孩子，卻工作到這麼晚」，也是同樣的情形。

前者的意思是「女人沒鬥志，很不可靠」，後者是「有孩子的父母，就不會工作到這麼晚」，都是基於偏見才會講出這種該給紅牌的話語。如果是足球比賽，就會馬上被逐出場。

就像這樣，針對對方的特性，強行將自己單方面的價值觀加諸在對方身上，若對方就此內心受傷或是感到不悅，便很可能會控訴你性騷擾、權力騷擾。

像這種情況如果要換個說法，**記得一概別提到跟年齡有關的話**。就算對方年輕，只是個孩子，**也只要說一句「挺能幹的嘛」就行了**。

反過來看，年輕人對高齡者說「明明都七十多歲了，還這麼會用電腦，真厲害」，也同樣犯規。想必對方會心想「別瞧不起老年人」。但只要簡短的說一句「你這麼會用電腦，真厲害」，對方也會回一句「厲害吧」，就此由衷感到開心。

不該說的話

這樣就可以了吧

我覺得很好

討喜的好話

「馬虎的話語」容易被當作
負面的含義看待

039

「這樣就可以了吧」和「很好啊」，或許乍看會覺得意思差不多。但試著說出口之後，會給人完全不同的感覺。

「這樣就可以了吧」給人一種「我覺得這種程度就行了」的馬虎感覺。甚至有人會將它的含義想得更糟，而當這是「由你來做的話，大概就是這種程度吧？」的一種負面話語。而另一方面，「很好啊」則純粹只是覺得這件事「很好」，是很率直的話語，所以不會招來誤會或反感。

當中也有人會以疑問句反問「這樣還可以，不是嗎？」不過聽的人往往會當這是負面的意思。因為像這種情況下，就像是對方說「雖然不差，但也稱不上好，所以就由你來判斷了」，或是「勉強算及格啦」，很容易會當這是得到了負評。

因此，**如果是真的覺得很好，想傳達這樣的想法，就別補上沒必要說的話**。請說**「很好啊」**、**「我覺得很棒」**，用這種率直又簡單的字眼來傳達想法。

如果有令你感到在意的地方，不妨說「我覺得很好。這裡如果能改一下，會更好」，在「正向的誇獎」之後加上「改善點」，這樣就行了。這麼一來，聽的一方也會坦然傾聽。

不該說的話

✕ 你製作資料很拿手呢

你製作資料
也很拿手呢

討喜的好話

一字之差大不同！如果少了
「也」字，聽起來就像在挖苦

040

這和第三十頁說明過的「妳今天真可愛」、「妳今天也一樣可愛」是同樣的道理，**光是「也」的一字之差，話語給人的感覺就有一百八十度的改變**。就算是誇獎，但只要不小心採用強調「〇〇」的說話方式，往往就會自掘墳墓。就像「你〇〇很拿手呢」、「你很會〇〇呢」這樣。

只要聽對方這樣說，就會覺得「他說我〇〇很拿手，意思是其他就完全不行嘍？」而很敏感的對負面含義有所反應。在女生的聊天場合中，遇到這種刻意打壓的行為，有人可以輕鬆自在的回一句「不是〇〇很拿手，是〇〇也很拿手才對吧？」不過，可不是每個人都有這個能耐。

當對方是工作上的相關人士時，更不會刻意回嘴反擊。如果任憑對方去說，最後會在心裡留下疙瘩，很不愉快，為了避免這種情形發生，在誇讚對方時，必須留意助詞的使用。例如「你這份資料做得特別好呢」，因為加上了「特別」兩個字，便添加了「向來都做得很好」的感覺。

有時雖然自認是在誇獎，卻會因為一小句話而變得話中帶刺。如果能**先想像一下，要是別人對自己這樣說會有什麼感覺**，之後再跟對方說，這樣就沒問題了。

不該說的話

✕ 真機靈

動作真快

討喜的好話

有時說對方「機靈」，是心中嫉妒的一種展現。容易被認為是負面含義。

041

如果當自己是在誇讚，而說出「真機靈」這句話，那是很危險的一件事。因為這句話表示「處理手法巧妙」，帶有俐落的含義，而另一方面也具有「善於周旋，討人歡心」的負面含義。

由於聽者容易當作是後者的負面含義，所以會當對方是在說「反正你就只是機靈，會耍小聰明」，而覺得自己遭到打壓。儘管如此，還是想向對方說「你真機靈」，這證明你心中存有嫉妒。對方聽了，可能會覺得你這個人難搞又愛挖苦人，而與你保持距離。

如果不想搞砸人際關係，就要改個說話方式。例如要誇對方在工作方面動作很快，不妨就直接說一句**「動作真快！」**如果對方能按進度同時進行多項工作，請**誇讚其「具體的行動」**，例如「你真會安排進度」、「你動作真俐落」、「這麼吃力的工作，你倒是進行得很順利呢」。

唯一希望各位留意的，是「表情」。因為誇讚的話語往往是心中嫉妒的另一種展現，所以要是說話方式沒處理好，會給人壞印象。嘴巴上誇獎，但嘴笑眼不笑，確實有這種人對吧。如果表情冰冷，聽在對方耳裡，就算是誇獎，也會覺得言不由衷，所以請別忘了笑容。

不該說的話

只要肯做，你也辦得到嘛

你在關鍵時刻表現特別好呢。託你的福，幫了我一個大忙

討喜的好話

「平時明明表現得不怎麼樣」，
會表現出這種想法的開場白就免了

042

有人對於在意外場合下發揮實力的部下，想加以誇讚，會採取「只要肯做，你也辦得到嘛」、「人被逼急了，就會發揮能力」這樣的說法。

這樣容易讓聽者有負面的感覺，覺得上司的意思是「平時明明不怎麼樣，但是被逼急了，還是做得出來。既然這樣，平時就該使出全力啊」，所以要特別小心。有的部下會因此覺得自己的實力被小瞧，而感到失落。

想率真的加以誇讚時，不妨說「因為有你在關鍵時刻的努力，幫了我一個大忙」，很直接的表達自己的感謝之心。**說一句「幫了我一個大忙」、「謝謝」，加上自己的感受**，便能傳達自己真正的意思。

類似的話語，還有「你真懂得克服逆境」、「你真是韌性十足」等說法。這兩者都會隨著說法的不同，而讓人聽起來有「在這種情況下，真虧你還能做得這麼好」、「你竟然能處之泰然」的感覺，像在挖苦人。

誇讚就得要**簡潔的說出自己想誇讚的事**。而對於對方所做的事，「自己從中得到的感受」，也要一併傳達。

「我沒那個意思！」因說錯話而深感後悔的情況，只要謹守這兩個原則，便能避免這種事態發生。

不該說的話

✕ 佩服

銘記在心

討喜的好話

對上位者說「佩服」，
會讓人覺得「你當自己是什麼人啊？」

043

「佩服（原文為「感心」）」有兩種用法。一是「對了不起的行為或傑出的本領深受感動。大為敬佩」，用來表示感動。另一種則是「對這種做法不覺得佩服。對方太過以自我為中心，無法發自內心佩服」，是在批評對方時使用。

不管怎樣，這都是對人們做的事「評論」好壞的用語，所以對上位者很失禮。不過，對部下或是晚輩使用則沒這個問題。

例如在公司舉辦的活動中出了意想不到的狀況時，部下發揮機智，處理得宜，這時候說「○○○過人的判斷力和行動力，令人佩服」、「你的簡報很有說服力，佩服」，並無不妥。大人對孩子說「你真聰明，令人佩服」，或是對自己養的狗說「你會乖乖坐好，真教人佩服」，也很自然對吧。不過，要是學生對老師說「您的課淺顯易懂，佩服」，老師會心想「你當自己是什麼人啊？」

想向上位者傳達類似的感受時，請記得換個說法，例如**「前輩的話，令我深受感動」**、**「老師的想法，我銘記在心」**。

而當對方是身分崇高，該特別尊重的人物，例如社長或往來廠商的重要幹部時，用更客氣的說法會更合適，例如**「深感敬佩」**、**「令人感佩」**。

不該說的話

✕ 你運氣真好

運氣也是實力的一環

討喜的好話

「你運氣真好」，聽起來
就像在說「這不是你真正的實力」

044

偶爾恰巧碰上好時機，有好的表現，或是像「福星高照」般，和當事人的實力無關，事情推展得很順利時，會覺得這是「多虧運氣好」，也是人之常情。不過，如果直接將這樣的想法說出口，對方聽了只會覺得「他沒認同我的實力」。

就算真的運氣好，展現成果的也是當事人，要是只換來別人一句「這次的事，你可真走運」，一定會覺得怒火中燒。因為這就如同對方暗地裡說「雖然碰巧進行得很成功，但這並不是你的實力。」

像這種情況，如果說一句**「運氣也是實力的一環」**，就不會引發衝突。「與我們競爭的公司從中抽手，或許是看你的簡報做得很好，自認沒有勝算」，就像這樣，要說出**誇讚當事人的理由**。這麼一來，對方聽了就能坦然接受，而認為「我真的運氣很好」。

例如有人是補缺而進入大學就讀，日後遞補合格通知傳進朋友耳中時，如果換來的是一句「你運氣真好」，應該會很不甘心，不過，聽起來也只覺得是朋友在酸葡萄。這時候要是能說一句**「你的努力終於開花結果了」**，不是很棒嗎？

當身邊的人有好事發生時，我們都會希望自己是個能發自內心去稱讚、加油的人，不是嗎？

第6章
答覆

人際關係好的人，幾乎都懂一個道理，那就是在與人溝通時，不能「只求自己方便」，而是要考量「對方的方便」和「感受」。尤其是答覆的方式，往往會無意識的流露出當時的情緒。像焦躁或是不滿時的答覆，往往會直接表現在話語、態度、表情上，所以會惹來不必要的麻煩。

但也沒必要一直都笑臉迎人來答覆，不管對方說什麼都全盤接收。不過，我希望各位注意一個答覆的基本原則，那就是不受自己的情感左右，採取中立的對應方式。如果想表達自己的感受和意見，不妨在接受對方的想法後再開口說。如果搞錯順序，完全流露出自己的負面情感，先作出答覆，就很可能會讓對方覺得你開啟了「戰鬥模式」。

不妨先仔細聽對方說，調整自己的心態，採取能接受與對方討論的態度。之後再說出自己的意見，這樣對方也比較會冷靜的說出自己想說的話。

前輩……我和客戶之間出了點狀況……
可以聽我說嗎？
嗯，怎麼啦？
當時我本想那樣做，但後來事情變成那樣，然後……
慌慌
張張
總結來說，你到底想說什麼？完全聽不聽。
一頭霧水
你最想說的
冒出
是什麼？
是這樣的……
嗯、嗯
這樣啊。
真會問話！

不該說的話

✕ 總結來說，你到底想說什麼？

最想說的是什麼？

討喜的好話

對說話不得其法的人，
在開始不耐煩前，先確認其要點

045

當前來對工作內容尋求諮詢或確認的部下或後輩，說起話來沒完沒了時，是不是會覺得不耐煩呢？「因為發生了這樣的事，我做了那樣的處理……」聽對方鉅細靡遺的說明經過，忍不住冷冷的回了一句「總結來說，你到底想說什麼？」、「你想問的是什麼？」也許也有人有這樣的經驗。

不過，這種答覆方式，有人聽了會認為「他拒絕了我的工作諮詢」、「他根本就不聽我說」，而當這是一種騷擾，請特別留意。

當共有的資訊少，無法馬上掌握狀況時，不妨先說一句**「請說明一下，讓我也能明白吧。」**如果沒時間，就先說一句**「可以請你用十分鐘左右的時間簡短說明一下嗎？」**也讓對方明白你的情況。

儘管如此，對方描述起來還是沒有半點條理，不清楚他要表達的究竟是什麼時，就要反問其要點，例如「你剛才說的話當中，最想說的是什麼？」、「你最搞不懂的部分是什麼？」

在諮詢的場合下，想到什麼就說什麼，談話內容四處延伸，這種情形多得數不清。如此一來，就連說話者自己也會跟著腦中一片混亂，搞不清自己究竟想說什麼。這種情況下，有時會說一句**「你最擔心的是什麼」**，請對方替自己的談話內容標上**「優先順序」**。這在生意場合中也能使用。請務必留作參考。

不該說的話

✕ 是、是

是，我明白了

討喜的好話

回答兩聲，對對方很失禮。
「是」只要說一聲就行了

046

聽別人說話，覺得有點煩時，往往會**重複應兩聲**「是、是」。例如對說話內容不感興趣，假裝在聆聽的時候。或是遇上一個直嚷著「你聽我說！你聽我說！」一直說個沒完，很愛炫耀自己的人，想早點結束談話時。這時候會隨口附和「是、是」，各位也都有這樣的經驗對吧。尤其是愛主事的人，印象中有這種口頭禪的人特別多。此外，孩子對於愛嘮叨的父母也常會這麼說。

不管怎樣，對方見你用「是、是」這種消極的回答方式，便明白你根本沒仔細在聽，會覺得很不是滋味。「嗯、嗯」也一樣，甚至有人都成了口頭禪，讓人心想，你到底要「嗯、嗯、嗯、嗯」說幾遍才滿意？

在專業的諮詢師當中，也有人誤以為「只要點頭，用嗯來回答，就會給人認真聆聽的感覺」，而一再微微點頭，但並不是點頭次數愈多愈好。**能讓對方慢動作深深的點頭，才會覺得對方是認真在傾聽**。

回答的重要性可大可小。**「回答一聲」是不變的鐵則**。

如果是不管你怎麼回答都會原諒你的近親，那就另當別論，但在工作上，明白顯現出對對方的事感到不耐煩的「重複應兩聲」，是一大禁忌，這點切莫忘記。

不該說的話

原來如此

剛才那番話，
我明白了

討喜的好話

一直連說「原來如此」，
會讓人覺得你事不關己

047

常會看到一些商務人士，以「原來如此、原來如此」、「原來是這麼回事」的回答，來取代隨口附和。但如果拿這句話當作「方便好用的回答」，而一再使用，則聽在對方耳裡，只會覺得此人心不在焉，事不關己。

當你不是隨口附和，而是想讓對方知道你了解他說的話時，不妨說一句**「原來如此。在你展現出如此出色的成果前，吃過這麼多苦啊」**，只要讓對方知道你了解了「什麼」，應該就不會有問題了。哪怕只有一句話也好，要記得加上你了解的內容。

不過，有人不管對方說什麼，都一律用「原來如此」來回覆，一直改不掉這樣的口頭禪。像這種情況，不妨特別留意，努力試著將「原來如此」改成「是這樣啊」。

類似的話語還有「是這樣嗎」，不過，相對於用來表示確認含義的語尾「啊」，這裡的「嗎」很容易會讓對方認為有疑問的含義在。有時會讓人覺得你不關心，沒好好聽對方說話。

對話重視的是**「共鳴感」**，所以別單獨使用「嗎」，要和你想傳達的內容一起使用，例如「是這樣嗎。你是替孩子擔心對吧」、「是這樣嗎。這次的計畫原來那麼麻煩啊」。

不該說的話

✕ 我不知道

○ 我沒仔細確認，很抱歉

討喜的好話

別隨著對方的情緒起舞，
藉由冷靜應對，
信任度也會就此提升

048

「為什麼你沒做？」、「為什麼還沒做這項工作？」當受到這樣的責怪時，各位會怎麼回答？當你沒被告知這件事情時，我想應該會回答「這件事我不知道」、「我沒聽說」。不過，這聽在對方耳中，只會覺得你這是**卸責之辭**，認定你的意思是「這不是我的錯」。

像這種情況下，有兩個可能性。一是你真的沒被告知，就此遭人責怪，錯不在你。二是你疏忽了該確認的事，錯在你自己。

如果是前者，不妨說一句**「關於這件事，我還沒接獲聯絡通知，可以請您確認一下嗎」**，請對方確認是否是他自己在指示或聯絡上有所疏漏。這時，如果直接責怪對方「你沒跟我聯絡對吧？」對方有可能會就此惱羞成怒，所以平靜且審慎的對應是重點。如果是後者，坦白說一句**「是我沒仔細確認，對不起」**，承認自己的過錯，誠懇道歉，這樣便能傳達你的誠意。

不管怎樣，逃避責任只會讓自己失去信任。互相推卸責任，只會讓場面難看，解決不了事情。就算是對方不好，也別責備對方，如果是自己不對，就得先坦然道歉。如此一來，對方也會冷靜下來，對你的信賴度也將就此提高。

不該說的話

✕ 我會再檢討

我檢討後，下星期內給您答覆

討喜的好話

有時會分不清是「客套話」還是「真心話」，就此引發麻煩

049

「我會再檢討」是方便好用的一句話，所以在生意場合中經常使用。**這句話的意思原本是「我會仔細調查檢討」**，但現在一般都是當「我會再考慮」來使用。最常見的情況，是拿它當拒絕用的客套話，而說一句「我會再檢討」，以及想再多爭取一點時間，做完必要的確認後再給對方答覆時，而說一句「我會再檢討」。兩者混雜在一起，容易造成對方誤會，所以常引發麻煩。

為了避免不必要的麻煩，記得別拿它當客套話用，要率直的拒絕對方，說一句**「現在沒辦法」**、**「沒辦法排進行程裡」**。如果想用它來作積極的回應，不妨說一句**「我和上司檢討後，下星期內給您答覆」**，連日期也明確的說出，這樣能給人好印象。

不過，這時希望各位注意的是，**別讓對方過度抱持期待**。人是任性的動物，容易過度期待，只會往對自己好的方面想。如此一來，一旦遭拒絕時，便會沮喪、失望。有人會生氣的說「既然要拒絕，幹嘛不早點講」，進而認為「這個人說的話一點都不可靠」，就此關係出現裂痕。為了避免這樣的風險，就看你是要積極還是消極，根據自己的情況，再來判斷是否要用「檢討」這個字眼。

不該說的話

✕ 我懂、我懂

原來你是這麼想啊

討喜的好話

有了「同感」，就會有相依性，
也就此容易成為被攻擊的對象

050

「同感」和「共鳴感」，其實似是而非。「我懂、我懂」是同感的表現，是會讓對方覺得「你真了解我」，而抱持相依性的一句話。因此，有相依性的對象一旦沒照自己的期待做出反應，當事人就會有種遭背叛的感覺。只要稍有意見相左，就會心想「為什麼你不了解我！」馬上翻臉不認人，展開攻擊。「相依」和「攻擊」是一體兩面。

因此，**在諮詢的場合中，基本上是不會採用「同感」這個字眼**。舉例來說，就算前來諮詢者和自己有相似的經驗，覺得自己很能了解他的感受，也不會深有同感的說一句「我懂」。取而代之的，是回一句**「原來您是這麼想啊」**，回以一句聚焦在對方感受上的「共鳴感」。

「我懂、我懂」，頻繁使用這種有同感的字眼，會拉近彼此心理的距離，提高同伴意識。這是女生的小圈圈裡常有的情形。但相依的對象同時也很容易搖身一變，成為被攻擊的對象，因此，一旦有狀況發生，有可能會被排擠或是霸凌。

家人原本就具有相依性，所以容易遭受攻擊，演變成過度的家庭暴力或虐待。為了避免這種事態發生，對孩子或夥伴不妨也用一句「原來你是這麼想啊」，**以「共鳴感」來回答**，這點很重要。

不該說的話

✕ 我知道、我知道

我也是前一陣子
才知道的

討喜的好話

不懂裝懂，是自己的損失

051

當對方談到自己早已知道的話題時，有人會插話道「我知道、我知道」。這種感覺就像在說「這種事我老早就知道了」，讓人聽了不太舒服。而更糟的是不懂裝懂的人。雙方愈聊愈兜不上，惹得彼此不愉快。

就算真的是自己知道的事，若能說一句**「我也是前一陣子才知道的。真的很教人吃驚呢」**，先接受對方的說法，這樣對方聽了，感覺會變得截然不同。

而總愛以「我知道、我知道」當口頭禪的人，特徵就是總想站在比對方更高的位置，具有愛打壓人的特質。因為不服輸，所以就得說一句「我也知道」才高興。但因為這麼一句沒必要的話而把自己逼入絕境的，也是這種類型的人。因為**沒辦法說「我不知道」**，而無法對自己不懂的事提問。

當講師的人，常有聽眾會提問「可以請您說說對〇〇的意見嗎？」我有位同是講師的同事說，某天有人問了一則他沒聽過的新聞，詢求他的意見，他告訴對方，我不夠用功，所以不知道這件事，結果對方告訴他，事實上根本沒這件事，「但沒想到有很多人都說知道這件事呢」，他得知後嚇了一跳，而我聽了這件事之後，覺得可怕極了。我們有時都會被自己的身分或是當時現場的氣氛所左右，甚至有人會存心試探你，所以不可不慎。

不該說的話

✕ 不用擔心

我應該可以勝任

討喜的好話

面對不必要的擔心，
如果回以不耐煩的答覆，
會惹惱對方

052

當別人委託工作，而擔心的問一句「那件事沒問題吧？」、「是不是一切順利的進行？」或許你會回答**「不用擔心」**、**「我都有在做」**。

但這種說法給人的感覺是「要你多嘴」、「多管閒事」，會給人負面印象。甚至有人會心想「枉費我替你操心，那什麼狂妄的回答啊？」對此感到急躁起來。

像這種情況，如果真的不需要擔心，不妨說一句**「包在我身上」**、**「一切都按照預定計畫在進行中」**，這樣就不會惹對方不高興。如果你也覺得有點不安，就補上一句「要是有困難的話，我會主動找您商量，到時再請多多幫忙」，這樣對方也就能安心了。

另一方面，如果對方不是擔心，而是感到懷疑或催促，而對你說「那件事你有好好做嗎？」、「那件事快完成了嗎？」有時會忍不住回一句「不用你說我也知道」、「我正在做」，對吧？

不過，尤其是生意場合上，得忍下這樣的衝動，冷靜的回一句**「現在正在進行中」**、**「預計再三天就能完成」**，才是最好的回答。如果將負面情緒表現在臉上，就會花更多的時間在無謂的溝通上，不妨就明快的回答吧。

不該說的話

✕ 不會吧？

眞的嗎？

討喜的好話

突然遭人懷疑，會大感沮喪

053

聽到令人吃驚的消息時，突然很懷疑的說一句「不會吧？」那就像在告訴對方「你說的話我不相信」，完全否定了對方。若立場互換，自己說的話，對方以半信半疑的態度回一句「不會吧？」「你在開玩笑對吧？」就不會想再繼續往下說對吧。如果是聽到教人難以置信的話，而**問一句「真的嗎？」採取肯定的問話方式**，對方就會說「是真的！然後啊……」比較容易繼續往下說。

同樣的感覺，也有人會用年輕人的用語反問一句「真的假的？」但在生意場合中這樣使用並不恰當。尤其當對方是上位者時，會給人輕浮的印象，覺得「這個人連敬語都不會用嗎？」就像對前輩和上司用平輩的口吻說話很沒禮貌一樣，也不要在職場上隨便用「真的假的？」這種用語。

當對方說出令人吃驚的消息時，人們也常會用到「真不敢相信」這句話，這也是類似的回答方式。因為這是用來表示對談話內容感到驚訝的感嘆語，所以不算是否定對方。

不過，這當中也帶有一點懷疑的語感，所以不妨說**「真不敢相信！世上就是有這種事呢」**，補上一句接受對方說法的話語，這樣會比較好。若是因為不經意脫口而出的一句話，給人壞印象，最後自己將會嘗到苦果，要特別注意。

不該說
的話

✕ 如果可以的話，我會處理

我確認看看
可不可以，
再跟您聯絡

討喜的
好話

含糊的答覆，最教人頭疼

054

別人委託工作或拜託辦事，一時間不確定可不可以時，你是否會說「如果可以的話，我會處理」、「如果行的話，我會處理」，做出**含糊的回答**呢？如果想像別人對你這樣說的話，應該就會明白，再也沒有比這種分不清是「Yes」或「No」的回答，更教人不知如何處理了。

也有人會想先暫時保留，而回一句「我會考慮看看」。這更是讓對方久候，造成其困擾的回答方式。如果不能馬上回答，不妨說一句**「我確認看看可不可以，明天再跟您聯絡」**，告訴對方可以答覆的日期。想保留時，也要告訴對方**「可以給我一點時間嗎？因為還要兼顧其他工作，所以下個星期內我會主動跟您聯絡」**，提出你想保留的時限，和對方商量，這樣對方也能思考自己能否等到那時候。

而更糟的回答方式，是**故弄玄虛的回答**。雖說直接拒絕教人難為情，但如果一開始就知道自己沒辦法，或是不想，卻含糊的回一句**「如果可以的話，我會處理」**、**「如果行的話，我會處理」**，會讓對方抱持不必要的期待。

如果你先做出這種含糊的回答，到時候卻又說你辦不到，會讓對方心想「既是這樣，何不早點說呢」，而有種遭背叛的感覺。這會讓你同時失去信賴，所以辦不到的事，打從一開始就要明說，別給對方增添不必要的困擾。

不該說的話

✕ 你很快就知道了

等明確決定好，我會告訴你

討喜的好話

別擺架子，
要清楚讓對方知道能不能說

055

對於自己的提問，如果對方擺個架子回你一句「你很快就知道了」、「現在還不能說」、「〇〇先生，這你不用知道」，你會有什麼感覺？這就像在說「我知道，但我不能告訴你」，給人一種排擠感。

如果是還不能明說的事，不妨說一句**「目前還不能說，但我想，下次的定期會議上就會宣布」**、**「月底就會公開這項消息，到時候我再告訴你」**，告訴對方預估可以公開的時間。

相反的，如果是只有限定的人才能共享的資訊，就告訴對方「很抱歉，這是客戶的內部情報，不能跟非相關人士說」，說出你不能說的理由，這樣對方也會接受。

類似的回答還有「你要知道還早呢」、「就算講了，你也不懂」，但這就像在說「你沒資格也沒能力問」，更加傷人。

在這種情況下，請說一句「等目前的工作結束後，再跟你說」，具體的告訴對方。坦率的說出目前階段的狀況，對方聽了之後便能展開預料，所以能愉悅的接納這種說法。

不該說的話

✕ 還好，沒關係

我不能接受

討喜的好話

有時會因為「還好」這麼一句話，
而讓自己的評價下滑

056

「還好」這個字眼，意思是不想牽扯太深，同時也是對對方的一種「反抗心的展現」。就算後面接上「就這樣」、「沒關係」這種肯定的字眼，還是無法改變它給人的印象。「還好」加上「就這樣吧」，會變成雙重否定。也就是**變成完全負面的含義**。

以前在首映會上，有位女主角板著臉回了一句「還好」，結果遭受輿論一陣撻伐，可見這句話就是這麼容易被當作是瞧不起人的一種反抗用語，也很有可能會造成自己的評價下滑。以「還好」當口頭禪的人，要特別注意。如果你的夥伴開口閉口都是「還好」，這或許就是你們漸行漸遠的證據。

例如在諮詢的場合中，當前來諮詢者回答「雖然那件事已經不重要了……」時，要特別注意。因為這同時也是諮詢者發出的訊號，這絕不是「已經不重要了」，而是他想說服自己「只能當它不重要」。「雖然」一詞，**是在否定後面要說的話，帶有一股壓力**。別想著要對方自己察覺，好好傳達自己的感受吧。

相反的，當對方使用這種說法時，就是詢問他真正感受的好機會。「雖然」一詞的背後，很可能藏有說不出口的真心話。

不該說的話

反正是不可能辦到的

我沒什麼把握，
但我會試試看

討喜的好話

用「我試試看」來正面思考，
而不是用「反正……」

057

「反正……」是很明顯的負面字眼。例如受人委託時，回答**「反正一定不行的」**、**「不管怎麼做，反正都只是白費力氣」**，什麼事都加上一句「反正」，這是負面思考的人常見的傾向。

「反正……」這個字眼中帶有放棄和防衛的情緒。對於自己就算做了，也不可能成功，沒什麼把握的事，事先架起防衛線。等到時候真的失敗時，就以一句「你看，果然不行吧？我早就說過了」當藉口，是用來躲避別人攻擊的用語。像這樣先給自己鋪後路，以此逃避責任的人，就算成為人們眼中「不想做事的人」，也是無法避免的事。

此外，那些整天把「反正我就是沒用」掛嘴邊的人當中，有的其實是希望得到對方的認同，有強烈獲得別人認同的需求。這是想藉由一句「反正……」來吸引對方注意的**「討拍型」**。和這種人往來，只要維持在「如果你有什麼困難，我可以聽你說」的程度即可，保持若即若離的距離，是最安全的做法。

如果是真的沒把握的情況下，不妨說一句**「可以請您盡可能支援我嗎」**或**「我沒什麼把握，但我會試試看」**，以「正向」的話語傳達你的感受，這樣能給人誠實的印象。請提醒自己善加利用。

不該說
的話

✕ 還有問題啊？

只要你能告訴我
問題點在哪兒，
我會說明

討喜的
好話

對方一再問同樣的事，
也有可能是自己的說明方式不好

058

被問到同樣的事情時，忍不住回一句**「還有問題啊？」**你是不是會這樣呢？這句話一聽明顯就知道是對一再提問感到厭煩。

以前我曾經接受過一位派遣員工的諮詢，他說「每次我有不懂的事，向上司詢問，他總是回一句『還有問題啊？』使得我什麼也不敢問，真的很傷腦筋。」相反的，也有另一種案例是，不擅長資訊科技業務，不斷提問的上司，部下回他一句「還有問題啊？」不管怎樣，這樣的回答都會被當作是騷擾，要特別注意。

而一再被問到同樣的事，也有可能是你之前的指示或說明無法讓對方理解。像這種情況，錯在你的說明方式不好，所以需要**將該做的事一一具體的傳達清楚**。

「這麼點小事總該知道吧」，如果用這種高壓的指導方式，下屬很可能就算不懂，也會回一句「是」。若不用淺顯易懂的方式具體的指導，或是疏於指導，便有可能反過來遭受抱怨。

此外，如果對方沒能理解最根本的問題，就會同樣的事一再上演。凡事起頭最重要，所以別嫌麻煩，確認過對方最困擾的問題為何之後，再仔細的因應吧。

不該說的話

✕ 沒這回事

○ 謝謝

討喜的好話

不會過度謙遜，會更給人好感！
自虐或貶低自己，只會造成反效果

059

日本文化認為謙遜是一種美德，所以有不少人就算受到誇獎，也會馬上很謙虛的說一句「沒這回事」、「一點都沒有」。不過，謙遜過了頭，會讓誇獎的對方掃興，感到不耐煩，或是就此感到顧忌起來。

舉例來說，你誇部下「這件困難的工作，你做得很認真哦」，他要是做出**「謝謝您。這都是託前輩您的福」**和**「我還差得遠呢」**這兩種不同的回答，給人的印象會截然不同。像後者這樣的謙遜，是否定對方好意的行為，而且這種自虐式的貶低自己的行為，同時也是希望能得到更多認同的一種內心的展現。

不限於工作，例如像嗜好或服裝受人誇獎時，有人會自虐的說「不過，我這只是便宜貨。」父母們在考季互誇彼此孩子的場面下，有人會卑微的說「可是，我家孩子腦袋不好。」以上兩者都明顯會給人壞印象。

話雖如此，如果坦率的回一句「謝謝」，認同對方的說法，又擔心是在炫耀……像這種時候，說一句**「這件衣服我也很喜歡。能發現這件好衣服，運氣真好」**、**「我兒子是運氣好」**，推說是因為「運氣好」的緣故，這也是個辦法。這樣就不會引發不必要的衝突。面對別人的誇讚，要巧妙的接受，巧妙的回覆。

第7章 自我主張

「自我主張」是一種主張自我的行為。或許有不少人會從這個字眼感受到負面印象，但不論是在職場還是在家庭，「表達自我的意見或想法」是很重要的事。倒不如說，明明有話想說卻不能說，這會造成精神壓力，為了便於讓對方接納、理解，希望各位能學會如何巧妙的提出自我主張的方法。

不過，似乎也有不少人將自我主張誤以為是以自我為中心的主張，而沒考慮對方的立場或意見，只顧著說出自己想的話。也有人會否定或批判對方，就像在說「你是錯的，我才對」，只想讓自己居於上風。若是用這種說話方式，沒人會坦然的聽他說話。

「你和我是不同的個體，會有不同的意見也是當然」，以這樣的前提交談，是溝通的基礎。在心理學中，肯定自己和他人的「I'm OK, you are OK」是理想的狀態，同時也被視為一種人生基本態度。就讓我們尊重對方，同時也表達自己的意見吧。

啊，妳午餐自己做便當是嗎？
我也來試試看好了。
因為老是都吃超商的便當
勸妳還是算了吧……
部……長
唔……
磨磨蹭蹭
反正妳也不可能持續吧？每天做飯很辛苦對吧？
可是她沒做過
就算沒辦法每天做，好歹兩天一次也好
如果只是煮點配菜的話，也許有辦法持續下去哦。
哦～是嗎？
前輩！

不該說的話

✕ 勸你還是算了吧

基於這樣的理由，我覺得這麼做比較好

討喜的好話

將自己的主觀想法強加諸在對方身上，是多管閒事

060

地位高的人對地位較低的人往往容易用主觀斷定的口吻，說一句「勸你還是算了吧」。

舉例來說，對「我想開始投資」的人說「勸你還是算了吧。還是存款最實際」，這單純只是將自己的主觀想法強加諸在對方身上。不過，這時只要說一句「投資好像也有各種方法。我因為考量到風險，所以現在沒投資，不過，要是一邊存款一邊投資，這樣或許會比較放心」，就不會有問題了。因為不是「禁止」，而是說出自己不這麼做的理由，以一句**「不是也有這種方法嗎？」**給對方不同的選擇。因為決定者是當事人，所以第三者將自己的主觀強加諸在對方身上，只是多管閒事。

不過，如果你無論如何還是想說句話，請說「因為這個原因，我覺得這麼做比較好」，始終都以「這是我個人的意見」為前提，來展開交談。

在諮詢的場合中，硬加諸觀念就不用說了，甚至還不會給意見。對於想辭去工作的人，也一樣是說「你有足以讓你想辭去工作的理由對吧」，接納對方的說法。就算當事人覺得，現在還是別辭職比較好，我們還是會問當事人「你覺得，如果能解決怎樣的問題，你就可以不用辭職呢？」自始至終，**「對方都是主角」**，所以只要別偏離主軸，以此展開對話，就不會讓對方感到不愉快。

不該說的話

✕ 因為大家都這麼說

我是這麼認為

討喜的好話

在提出意見時，以「自己」
當主語是基本原則

061

孩子常會說「大家都這麼說」、「大家都有，你也買一個給我」。因為這雖然是孩子自己主張的事，但他們希望把「其他眾人」也捲進來，讓它聽起來彷彿很合理。此外，這也是因為孩子對自己的意見沒自信，無法對自己的主張擁有說服力。不過，如同我在第七十三頁所述，老是加上一句「大家」，這種用法已經**「普及化」**，反而顯得很沒說服力。

「一般都……」也是類似的用語。「一般都……」、「大家都……」常用這種字眼的人，往往會讓對方覺得「一般是指什麼？」、「大家是指誰？」而用「半信半疑」的態度聽他說。

如果想讓人仔細聆聽自己的意見，就要直截了當的說**「我是這麼認為」**、**「我的想法是這樣」**，這樣便會直接傳進對方心中。如果真的有和自己抱持共通意見的人在，就在說出自己的意見後，補上具體的人名，如「○○先生和△△先生也是同樣的意見」，這樣說服力便會大增。

在提出自我主張時，若不能掌握自己的心思和想法，就無法清楚讓別人明白。如果你做不到這點，或是沒有把握，而不自主的加上「大家都……」、「一般都……」這樣的字眼，請提醒自己，**要站在「我」的立場，把話說清楚**。能做到這點，就容易讓人傾聽你說話。

不該說的話

✕ 這東西保證好

我覺得不錯，
你也試試看

討喜的好話

憑著主觀向人強迫推銷自己喜歡的東西，會讓人覺得不堪其擾

062

例如自己有件很喜歡的東西，想推薦給朋友或認識的人。如果這時說一句「這東西保證好！」就會變成**「強迫推銷」**。每個人對東西的好壞評斷各有不同。要是單方面被迫接受他人的價值觀，會覺得不堪其擾。

此外，愈是會強迫推銷的人，愈愛問「如何？很棒對吧？」尋求對方的同意。如果對方的反應不夠好，令他期望落空，甚至會心想「為什麼你不懂它的好」，而自己在心裡大受震撼。不過，看在受推薦的人們眼裡，只會覺得「我和你不一樣，就算你那樣說，我也不見得能接受啊」。對方一會兒高興，一會兒難過，還把問題怪到自己頭上，實在受不了。

想推薦好東西給對方，又不希望對方感到困擾時，最好的辦法就是說一句**「這東西我很喜歡。你可以試用看看」**。如果是好惡鮮明的東西，最好再補上一句「如果你不喜歡的話，就送人吧。」請記得**給對方「躲避」的空間**。

如果對方是有多年交情的朋友，便很容易會誤以為彼此合得來，所以愛好相同也是理所當然。希望各位能成為懂得站在對方立場著想的人，別讓自己出於好意而做的事造成反效果。

不該說
的話

我沒說那種話

我的認知是這樣

討喜的
好話

解決問題的對話，
不是「講藉口」，
而是「說明」

063

雙方的說法有出入，或是在意想不到的地方產生誤會，社會上常發生這種令人覺得「不合理」的事。像這種時候，會很想大聲說「我沒錯！」當然，聲明自己的正當性並非壞事，但在處理問題的場合中，如果用詞不夠謹慎，彼此會撕破臉，需要特別注意。

最糟糕的做法，就是說一句**「我沒說那種話」**、**「這不是我的關係」**，**推卸責任**。因為就算本人沒錯，但要是惱羞成怒的說一句「不是我的錯」，聽起來就像是在找藉口。

所以在這種情況下，不妨說一句**「我的認知是這樣」**或是**「我是按照前輩的指示去進行」**，要先說明事實或狀況。

「真相到底是什麼」、「實際到底發生了什麼事」，人們擁有想知道這些事的欲望。想查明造成問題的原因。所以當事人不該是抱持「我其實是這麼想」的心情，而是要傳達「實際發生的事」，以及「希望對方確認的事」。說明我方的狀況，也請對方說明狀況，這點非常重要。

在**確認過彼此的實際狀況**後，不妨說一句「那麼，接下來就這麼做吧」，思考如何避免同樣的問題再度發生的對策。這是維持雙方良好關係的祕訣。

不該說的話

✕ 看來您不明白我說的話

我希望
您能這樣理解

討喜的好話

責怪對方後，別說解決問題了，
甚至會引發衝突

064

對方與自己的主張相左，彼此的討論遲遲沒有進展時，該如何因應呢？可以確認的是，如果朝對方發洩不滿的情緒，很情緒化的說一句「為什麼您不能明白呢？」、「看來，你不明白我說的話」，只會讓現場氣氛變得更僵，引發衝突。

「為什麼你不能明白呢？」這樣的說話口吻，是以對方當主語的「You message」。這會傳達出**責怪對方，想加以改變的意圖**，不舒服的感覺會瞬間爆增。對方很可能會回一句「你才是呢，根本就不懂我說的話嘛！」衝突就此展開。

如果想早點解決問題，就不要責怪對方，重點在於傳達自己的想法。為了請對方配合，促其理解，要以自己當主語的「I message」來說一句**「我希望您能這樣理解」**，這樣比較能傳進對方心中。

就算是家人或朋友，責怪、批判的話語一樣傷人。

在傳達自己想法的同時，**問一句「你怎麼看？」傾聽對方的意見**，有助於建立信任。以結果來看，與其單方面責怪對方，還不如促成彼此理解，這樣雙方才會快樂。

不該說的話

✕ 總結來說，
是這麼回事對吧？

我這樣的理解
對嗎？

討喜的好話

話說到一半，以「總結來說」來歸納結論，這就如同是強制結束

065

有人在聽別人說話，或討論到一半時，會突然冒出一句「總結來說，是這麼回事對吧？」、「換句話說，是這麼回事對吧？」想為對方說的話作歸納。這是以「居高臨下的視線」看待對方，沒必要說的話。當人們想早點結束對方的話題，或是聽得一頭霧水，想自己歸納要點時，常說的一句話。

尤其是覺得「你講得太長了」、「不懂你想說什麼」，而感到不耐煩時，會不自主的用**「總結來說」**、**「簡單來說」**、**「換句話說」**來打斷對方的話，想掌握現場的主導權。

對方像這樣單方面歸納你說的話，感覺就像以一句「好了，你的話講完了」、「知道了、知道了」，強制結束話題，聽了當然心裡很不是滋味。

適當的歸納對方的談話內容，並不是什麼壞事。一面確認自己的理解是否有誤，一面交談，這點很重要。像這種情況，只要說一句**「你剛才說的是像這樣對吧」**、**「我這樣的理解對嗎？」**加以確認，就不會有問題了。

如果很難插上話，不妨先知會一聲**「我可以問個問題嗎？」**然後再提問「你剛才說的是像這樣對吧？」這樣就不會失禮了。

不該說的話

✕ 這個社會可沒有你想的那麼簡單

可以告訴我
你的想法嗎？

討喜的好話

別講得好像什麼都懂似的，
別擺出趾高氣昂的模樣

066

以居高臨下的態度說的話有很多，但讓人聽了之後最火大的代表性說法，就屬「這個社會可沒有你想的那麼簡單」這句話。常會使用這種說法的情況，往往是父母對孩子、社會人士對學生，以及上司對部下。

這可說是長輩瞧不起晚輩，老手瞧不起新人的一句**「地雷字眼」**。這種說法帶有「你這種天真的想法，沒辦法在嚴苛的世界裡混飯吃」的恫嚇語感，所以聽的一方會陷入負面情緒中。話說回來，講「這個社會」未免過於籠統。而且，怎樣才算「嚴苛」，每個人的認知不同。這麼說只會讓人覺得「講得好像什麼都懂似的，一副趾高氣昂的模樣」，引來反感。

真的想對自己擔心的人提建議時，不妨問一句**「可以告訴我你的想法嗎？」**給對方機會表示他的想法，以及他實際預定怎樣採取行動。對方如果說「我想充電，所以要辭去公司的職務」，就問他「那你具體打算怎麼做？」

儘管如此，還是很想指摘對方的想法太天真時，不妨說一句「我三十多歲時，也因為換工作而為錢發愁，吃足了苦頭，所以你要是找到工作後再辭職，應該會比較放心。」**說說自己的經驗談**，這樣對方或許就願意傾聽。

不管怎樣，要先有**「別人和我是不同的個體」**這樣的自覺，再展開交談。

不該說的話

✕ 這種事我其實很不想講

因為覺得擔心，所以先跟你說一聲

討喜的好話

要學會讓對方聽了
會坦然接受的「說話技巧」

067

以前曾經發生過這麼一件事。在某家公司裡，一名員工總是加班製作資料，忙到很晚，一位前輩就對他說「**這種事我其實很不想講**，不過，你在公司也已經五年了。難道你電腦還沒上手？」

就像這樣，這種有點瞧不起對方的說話方式相當傷人。而且，因為有強烈的威嚇感，所以會被當作是**權力騷擾**，而向法規督導窗口投訴。

想請別人做事，或是有話想說時，如果以「這種事其實我很不想講」當開場白，感覺就像是在威脅說「我無論如何都得跟你說，你聽仔細了」。如果是想要對方早點完成工作，只要說一句「我從以前就很擔心你，所以才跟你說一聲。你愈來愈常加班，請改善這個問題。為了在上班時間內完成工作，要如何提高效率，**我們一起談談吧**」就行了。

「這種事其實我很不想講」，這句話中也帶有「我是替你著想」的語感，但其實大部分使用的情況，都是想向對方表達「不滿」。因此，對方也會有戒心，而在心裡想「既然不想說，那就別說啊……」往往也會在聽了之後感到痛苦，所以還是別說為妙。

既然要說，不妨就開朗的說一句**「我因為替你擔心」**、**「我們談談吧」**，這才是正確的做法。

不該說的話

✕ 不是我在炫耀

我有個好消息，可以向你炫耀一下嗎？

討喜的好話

有人吹噓惹人厭，
有人卻討人喜歡，
差異就在這兒

068

遇上開心事或是值得驕傲的事，想說給別人聽，或是想要炫耀時，該怎麼說才不會惹人嫌呢？

「不是我在炫耀，我以前可是王牌業務員呢」，這是自吹自擂的人。「不是我在炫耀，我可是離過婚的人呢」，這其實不是在炫耀，而是語帶自嘲的人。**「不是我在炫耀」**這句話，會因使用者的個性而有不同的用法。不過事實上，像前者一樣，當作是「我接下來要炫耀哦」的開場白，而說出「不是我在炫耀」，這種情況相當多。

以「不是我在炫耀」開頭的炫耀，**顯然是在打壓**。這會讓對方感到不愉快。聽別人得意洋洋的說「不是我在炫耀，這個包包要價五十萬日圓呢」、「不是我在炫耀，我女朋友是模特兒」，只會讓人覺得掃興，而回一句「嗯，不錯嘛。」相反的，如果討對方歡心而說一句「這麼好啊！」這只會讓對方更加得意，而繼續炫耀個沒完。

討人喜歡的人，會以**「我有個好消息，可以向你炫耀一下嗎？」**、**「我有件開心事，你肯聽我說嗎？」**當開頭。因為**直接炫耀，就不會讓人覺得是在挖苦**。而說話時要「簡短有力」，這是重點。

第8章 提醒、訓斥的方式

提醒和訓斥，可說是在溝通的環節中，最困難、最容易變成騷擾的主題之一。因為提醒和訓斥，背後往往是想控制對方照自己的意思去做的念頭在運作。如果將自己的希望強加諸在對方身上，向對方施壓，對方一定會感到不愉快，就此心生排斥。

有時光是說話用語出了點錯，便造成雙方關係惡化，再也無法修復。自己是為了避免這種最糟的情況發生，重視對方的自主性，促成其成長，所以才加以訓斥，要有這樣的認知。

施行的重點有二。一是傳達「事實」。例如說「我委託你辦的資料，都過期了，還是沒完成」。二是在講完事實後，表達「自己的感受和想法」。例如「你沒能遵守期限，我很困擾」。而像「因為這對社會難以交代」或「周遭人都這麼說」，這種怪到別人頭上的說法，也不是明智的做法。

我說你啊！打從剛才起，根本沒半點進展嘛！
對不起……
你有心想做嗎？
為什麼工作這麼沒效率！
真受不了！動作快點
心情一沉
有什麼煩惱嗎？
你看起來效率低落，和平時不太一樣。
前輩……
部長指派我那項工作，可是……
他要我整理出宴會表演清單，可是實在太趕了……
這個啊
請跟部長說，你正為此發愁呢。

不該說的話

你有心想做嗎？

你看起來效率低落，是有什麼煩惱嗎？

討喜的好話

為了引出當事人的幹勁，
請用自己的觀點來關心對方

069

要提醒人注意時，該怎麼說，當事人才會拿出幹勁呢？或許有人會顯得不耐煩，而不自主的說出「你有心想做嗎？」、「你有認真做嗎？」、「就不能早點完成嗎？」這類的話來。不過，這些話聽起來，就**如同是在責怪對方**「你為什麼不能認真幹？」、「為什麼工作這麼沒效率？」就算這是事實，錯在對方，但對方聽了，還是很難坦然接受。

當對方給你惹麻煩，對你造成影響時，或許就更可能會感情勝過理性，而很想責備或質問對方。愈是像這種情況，愈容易構成權力騷擾，需要謹慎且冷靜的應對。就算你有理，但要是向對方興師問罪，造成壓迫感，這可就犯了大忌。

那麼，該怎麼說才恰當呢？不妨說一句**「最近你看起來工作效率低落，是有什麼煩惱嗎？」**將焦點放在事例方面，以此展開交談。當因為對方的緣故，而讓自己感到困擾時，請說一句「因為你沒趕在昨天之前完成工作，身為負責人的我非常頭疼」，陳述「事實」。重點在於**先說「事實」，再傳達「感受」**。這個順序是不變的鐵則。請留意，別將這個順序顛倒。而討論該如何改善的問題，這點也很重要。

✕ 為什麼不跟我聯絡

我正為此困擾，
所以很希望你能
跟我聯絡

討喜的
好話

別人不會完全照你的意思行動，
這是理所當然的事

070

你是否曾忍不住發火說道「為什麼不幫我做？」、「為什麼要我說同樣的話？」以此責備對方呢？當對方不照你的意思做，或是沒能達成你的期待時，常會在夫妻吵架或親子爭吵當中聽到這樣的話。

像這種時候，愈是向對方發洩怒火，以高壓的態度說**「為什麼你總是這樣？」**彼此的關係就會愈僵。不管是再瑣細的小事，只要將自己的主觀和情感強加諸在對方身上，展開訓斥，這樣就是不對。讓對方感到痛苦，也有可能會使其惱羞成怒。

像這種時候，請試著用「相反立場」來思考。逼問對方**「為什麼都不跟我聯絡？」**和告訴對方**「一直聯絡不到你，感到困擾，所以很希望你能跟我聯絡」**，表達自己的感受，聽在對方耳中，感受完全不同對吧。前者會讓人很想回一句「我也是很忙啊」，找藉口搪塞。但要是聽到像後者這樣的說法，覺得是因為自己而害對方這麼困擾，就比較能坦然的回一句「不好意思，以後會早點跟你聯絡。」

情緒的衝撞，只會造成彼此壓力的累積。要先冷靜下來，想想**「如果是我」會怎麼想**，**「如果是我」會希望對方怎麼做**，用自己角度的「I message」來傳達感受，養成這樣的習慣，才是最好的辦法。

不該說的話

應該這樣做才對吧

請這麼做

討喜的好話

「該這樣做」這句話，
會將對方和自己逼入死胡同

071

在指出對方的疏失或錯誤時，若用逼問的說話方式，有可能構成權力騷擾、精神騷擾。舉例來說，對一個在工作上說好的時間快遲到才到來的人，你說了一句「你好慢哦，至少也應該提早十分鐘到吧。」拖到快遲到才趕來固然不好，但「應該提早十分鐘到」是**個人主觀**。

不過，不管你再怎麼用主觀責怪對方，也只會像我前面提到的，讓對方覺得「別把你的想法強加諸到我身上好嗎」。如果對方是個內心纖細又一本正經的人，恐怕會將別人說的話當真，而心裡想「我真是個沒用的人」，一直鑽牛角尖，就此情緒低落，引發身心的不適。

不管怎樣，這都很可能造成騷擾，尤其是在職場上，就別再高舉**「應該論」**了吧。「應該論」也會將說這話的人逼入死胡同。因為自己也執著在這個點上，對於辦不到的事會大感挫折。「應該……」成為思考的習慣，一遭遇挫折便馬上開始嫌棄自己，這也算是同樣的類型。

有必要提醒別人注意其錯誤或疏失時，要先說一句**「相關人士會感到困擾」**、**「這會對業務造成妨礙」**，說明自己提醒對方注意的原因。接下來再說**「請進行改善，希望下次別再有類似的情況發生」**，傳達你的要求，這會是比較好的說法。

✕ 這次的疏失是你的錯

請告訴我發生
疏失的原因和
改善方法

討喜的
好話

別責怪對方的疏失，
目光要放在解決方法上

072

假設你重要的客戶前來抱怨你負責業務的下屬所犯的疏失，原本下訂的合約就此作廢。如果你是上司，會如何因應呢？

「這次的事都是你的錯。你要怎麼負責？」、「因為你的應對出錯，才會搞成這樣」，或許有人會這樣訓斥。這種想罵人的心情我懂。不過，最終的責任還是在身為上司的自己身上，這麼想才合理。將責任全推給部下，只會將對方逼入絕境，解決不了任何問題，而且你身為上司的責任和能力也會受質疑。

因此，在這種情況下請先問一句「為什麼會發生這種疏失呢」，確認**事情的原委**。接著說「為了避免今後再發生同樣的疏失，該怎麼做才好」，請當事人思考**改善方法**。這時，記得別搶著說「這樣做就對了」。如果這麼說，對方會有種「你早點告訴我不就好了」的心情，而就此培育出**「只會等候指示的人」**。

想要催促當事人反省，培育出會自動自發的人才，不妨問一句**「你怎麼看？」**就算單方面的告訴對方「你好好反省」，但要是當事人沒這個心也沒這個能力，就沒辦法有所回應，而且也需要給對方解釋的機會。善加指導，讓對方能用自己的話去說明「原因和對策」，以及「感受和想法」，這才是適切的對應方式。

不該說的話

✕ 請好好做

這項作業，請在〇〇之前做好

討喜的好話

像「好好的」、「仔細的」這種「模糊不明的話語」，別單獨使用

073

有時別人會對你說「請好好做」。不過，到底要做什麼、怎麼做，說這話的人腦中想像的畫面，有誰能正確無誤的理解嗎？

就以挑衣服來說吧，有人認為「像樣的」服裝指的是西裝，也有人認為牛仔褲搭夾克也是「像樣的」服裝。

價值觀就是這麼因人而異。因此，像「好好的」這種模糊不明的字眼，不管再怎麼用它來提醒，說者和聽者之間的「感覺」還是會有出入，所以無法解決問題，讓彼此都能接受。

「認真做」、「好好做」、「用一般的方式處理」也一樣，都是在提醒或指責的場面中絕不能使用的**禁忌字眼**。

想明確的提醒對方時，如果不說一句「這項作業還沒完成。請務必要做到這個程度」，下達**「具體的指示」**，對方不會明白。

舉例來說，如果想提醒對方注意服裝，不妨說「這次談生意，穿牛仔褲會失禮。請穿西裝」，如果想提醒對方注意言行，不妨說「請別在開會時私下交談」，必須說明清楚，讓對方能理解你提醒他注意的是什麼。

「不用說應該也知道」，這種說法很可能會成為引發問題的火種。

不該說的話

✕ 犯下這樣的疏失，你不覺得丟臉嗎？

我是這麼想，
你覺得呢？

討喜的好話

別人和你是不同的個體。
別「否定對方的人格」，
要採取尊重的態度

074

在提醒注意或訓斥時，因情緒化而脫口說出的話，往往不是針對對方引發的疏失或問題，而是責怪引發疏失的對方個性。**「你就是這沒用的個性，才會出錯」、「犯下這樣的疏失，你不覺得丟臉嗎？」**從這樣的責怪說法，到「我實在沒辦法跟你這種做事馬虎的人共事」、「這麼沒工作能力的人，我還是打出生第一次見識」這樣的惡言，可說是形形色色皆有。「不，我才不會像這樣口吐惡言呢」，說這種話的人，是不是也曾經對家人或親近的朋友講過這種刺耳的話呢？

如此明顯的否定對方人格，已不是「指導」，而是「攻擊」或「歧視」，會嚴重傷害對方，令人深陷痛苦之中。也常被認定是騷擾而遭到投訴。

會覺得「沒用」、「丟臉」，都是說話者的**「主觀」**，所以不管再怎麼提醒「你這種態度很丟臉，別再這樣了」，也跟對方沒關係。

因此，這種話與其說要「換個說法」，不如「別說的好」。不過，當你想告訴對方「這種事很丟臉」、「今後請別再這麼做了」，不妨就用「I message」的**「自我觀點」來具體的傳達想法吧**。例如說「坐在椅子兩腳開開，我覺得這樣很丟臉，你覺得呢？」只要意識到「別人和我是不同的個體」，就能退一步展開客觀的對話。

✕ 你連這種事都不知道？

要是有不懂的地方，我會教你

討喜的
好話

不是去打壓對方，
而是採用貼近對方的說法

075

當有人搞錯某件事，或是工作上有不懂的地方時，有人就會用一句**「咦？你連這種事都不知道？」**來加以打壓。這是完全瞧不起對方，惹人不悅的挖苦口吻。聽的人百分之百會覺得很不是滋味。

有些事自己知道是理所當然，但別人不見得會知道。倒不如說，知識和情報會因人而異，才是理所當然。但如果以「你不知道實在糟糕」的口吻來責備對方，這如同是否定對方人格，會帶給對方莫大的痛苦。

如果是工作上非知道不可的事，那不妨採用**「這項工作的做法你知道嗎？如果有不懂的地方，我會教你」**這樣的說話方式。懂得像這樣採取尊重對方的口吻說話的人，就是不一樣，給人的信賴感也會隨之增加。

不光是工作上的事，像新聞或流行的話題，對不關心的人來說，只覺得無關緊要，但如果你說「你連這種事都不知道？」那可就犯了禁忌。這只會惹對方不悅，對此感到不耐煩，所以就算是朋友之間也最好別這麼說。

如果在意對方是否知道，可以問一句「那家製造商的新產品，你知道嗎？」加以確認。如果對方不知道，就告訴他**「這產品方便又好用呢」**，這樣就不會有問題了。

第9章 與他人的距離

我多年來以溝通專家的身分，指導過許多人，根據這些年的經驗，我可以清楚明白的說，很多人都不懂得拿捏「與他人的距離」。

為了讓自己與他人的距離處在完美的平衡狀態下，要堅守的不是「同感」，而是「共鳴感」。而且要若即若離，保持「一定的距離」。

有人一心想博得對方好感，想和對方變得親近，就此跨越人與人之間的界線，一步步踏進對方的領域裡。相反的，有人則是無法與對方接近，不管等再久，都無法縮短與他人的距離。不少人都搞不懂自己與對方都能和樂共處的適當關係為何，而就此不知所從。

受歡迎的人，不會大剌剌的闖進對方的內心領域，懂得保持適當的距離。對方的事完全不知道也沒關係。自己與對方的領域重疊的部分愈少，愈能建立良好的人際關係。

最近諸事不順啊……
唉～
這樣啊……
冒出
我懂！我也和妳一樣呢。每天都挨部長罵，連客戶也因為我的負面印象而記住我的長相。我深有同感～
是……是啊……
謝謝……
一樣嗎？
哎呀，真是感同身受呢。
我也是。
雖然我情況不一樣，但我能體會。
咦！真的嗎？
咦？你有感同身受嗎？
轉頭

不該說的話

✕ 我和你一樣，所以我懂

雖然我情況不一樣，但我能體會

討喜的好話

「同感」和「共鳴感」似是而非

076

當談話對象提到負面的話題，而自己也有類似的經驗時，有人為了想縮短彼此的距離，而會說「我和你一樣，所以我懂」。

不過，「同感」和「共鳴感」其實似是而非。就像「我懂、我懂」是不必要說的話一樣，就算有同樣的經驗，對方與自己的想法和價值觀也絕對不可能完全一樣。

根據這樣的原則，面對感到困擾，不知所措的人，想加以安慰或勉勵時，採用**「我也遇過這樣的事，雖然情況和你不一樣，但我能體會」**這樣的說法比較合適。

不過，希望各位注意的是，之後千萬別自作主張的補上一句「我就是這樣的情況，所以你最好這樣做、那樣做」，隨便給建議。這種想多管閒事的心情我明白，但**對方和你的體驗是不同的兩件事**。就算你給的建議再怎麼有說服力，大部分也都幫不了對方的忙。

在提供諮詢的場合中，一般是不會表現出這種廉價的同感。不過，在一般對話的場合中，有時也會希望能獲得對方的同意。像這種時候，只要以**「我和他是不同的個體」**當前提，來和對方交談，這樣就行了。

不該說的話

你要是早跟我說就好了

真希望能幫得上忙。以後你要是有困難，請跟我聯絡

討喜的好話

要不要前來商量是對方的自由。只要傳達自己的心意即可

077

當有人遇上不好的事情，而向你坦言「其實我遇上這麼一件事，吃足了苦頭」，你是否曾回答「你要是早跟我說就好了」呢？

「真可惜，我或許能幫得上你的忙呢」、「你要是早跟我說，我就能幫你想辦法了」，儘管你是出於好意才這麼說，但對方會覺得你這就像在責怪他沒通知你似的，心裡會受傷。

我的朋友以前將自己遇過的麻煩寫在社群網路上，結果有人留言「你要是早說一聲，我就能幫你了。你太見外了，生氣」，朋友說，他看了覺得很不舒服。因為他壓根沒想過要請那個人幫忙。

像這種情況下，責怪對方沒主動聯絡實在很奇怪。講難聽一點，之所以對方有困擾的事沒找你商量，就是因為你和對方沒那麼親密。如果是真的想幫對方的忙，不妨說一句**「因為這件事我辦得到，所以我很想幫你」**，表達自己的這份心意。此外，說一句**「日後如果有幫得上忙的地方，請記得跟我聯絡哦」**，談談未來會有的做法，這樣也不錯。

就算彼此感情好，對方也還是會有他個人的情況。沒必要知道彼此的一切。朋友之間交往，也要保持適當的距離。

不該說的話

✕ 像我這樣的人不行啦。我沒辦法

如果你不嫌棄的話，請讓我來做

討喜的好話

別用「我不行啦」，
而是改用「如果你不嫌棄的話」，
給人的好感會大增

078

「像我這樣的人」這句話，帶有「威脅」和「保險」兩種含義。這種自謙的說法，乍聽之下覺得謙虛，但其實是一種傲慢態度的表現。

例如有人委託你「這項工作希望能交給您來處理」時，只要先說一句「像我這樣的人不行啦，我沒辦法勝任」，到時候拿不出對方想要的結果時，就能用一句「所以就說我沒辦法嘛」來推卸責任。和一百三十六頁的「反正……」一樣，是先為自己設保險。

此外，用「像我這樣的人不行啦」來貶低自己，是為了讓對方說一句「才沒這回事呢」，證明這是在測試對方。是出於「想讓對方認同自己」的一份渴求，所說的反話。

但就是因為覺得對方能勝任，才會開口請託，所以一旦得到這種彆扭的回答，只會覺得「這個人真難搞」。但也不能就這樣撂下一句「那就算了」，所以大多都會回一句「沒問題的」。不過，從下一次開始，應該就會心想「不能請這個人處理」。

難得對方有工作想委託你，為了不讓對方與你疏遠，**以積極的態度回答一句「如果你不嫌棄的話，請讓我來做」**，這才是最好的做法。愈是充滿幹勁的率直態度，愈能博得對方的好感。

不該說的話

✕ 之前我一直沒說，最好還是別那樣做比較好

雖然也有那種做法，但我認為這樣做比較好

討喜的好話

不滿和要求，不該用來責怪對方，而是要傳達自己是怎樣的想法

079

過去想說卻忍著不能說的事，無論如何都想告訴對方時，如何遣詞用句是一個大難題。因為愈是忍耐，愈是情緒激昂，難以冷靜傳達自己的想法。例如**「之前我一直沒說」**、**「坦白說」**、**「之前我就一直很想告訴你」**，有各種開場白。不過，每個聽起來都很高姿態，對方會心想「為什麼突然這麼說？怎麼了？」而擺好防備姿態。

尤其是基於對對方的不滿和要求，而說出「之前我一直沒說，其實你太隨便了」、「坦白說，你很常遲到，太懶散了」這樣的話，這可說是**否定對方人格**，會對對方帶來很大的傷害，有可能會構成精神騷擾。重點不是要揶揄對方，而是要明確的傳達出自己對什麼不滿，有什麼要求。

一開始如果就用接納對方的用語，感覺會截然不同。只要說一句「**原來還有這種想法啊**。不過，我認為更謹慎考慮會比較好」，就不會變成是將自己的想法強加諸在對方身上。當然了，如果是像「之前我都沒說，其實我結婚了」、「之前我就一直想告訴你，我這個月會辭職」這種要坦言祕密的開場白，那就完全沒問題。對方聽了也會坦然接受，而回一句「恭喜」、「我都不知道呢」。難以啟齒的事，趁自己還在「有點擔心」的程度下，還能從容應對的時候，趕快讓對方知道，這點很重要。

不該說的話

你這樣算不錯了

你說得沒錯

討喜的好話

對方的個人煩惱，
只要接受它即可

080

與別人建立良好人際關係的人，不會拿對方的事與其他人比較，或是用自己的想法去解釋，採用「居高臨下」的字眼。不過，在一些普通的對話中，有時明明出於好意，卻會造成反效果，那就是**「你這樣算不錯了」**的這種說法。舉例來說，你是否會以為這是在鼓勵對方，而說出**「只犯了這樣的小疏失就沒事了，算很不錯了」**這樣的話來呢？

我曾經聽過這麼一件事。有個人在受災地當志工，他自以為是在鼓勵災民，而說了一句「雖然屋子倒了，但也只受了點傷，算是不幸中的大幸了」。當事人聽了之後只覺得「你根本就無法明白我們的感受」，心裡很氣憤。

對覺得「經濟壓力好重」的人說「你勉強還能過日子，這樣算不錯了」，還有對在意容貌的人說「只要有健康的身體就不錯了」，也是一樣的情形。因為「事不關己」所以才會說出這種話來，就算原本的用意是要勉勵對方，但這只會讓當事人感到不悅。

話雖如此，有時也不能什麼都不說。像這種情況，只要說一句**「你受傷了對吧。能出院就比什麼都好」**，配合事實傳達自己心中的感受，這樣就行了。關於私人的問題，**只要說一句「你說得沒錯」，接受對方說的一切，這樣也就可以了**。說話要三思，別做出「事不關己」的輕率發言。

不該說的話

因為成果代表一切

你一直努力
到最後呢

討喜的好話

要評價的不是成果，而是過程

081

只會評價「成果」，而不評價「過程」的人，往往會流於短見，而說出「不管說再多理由，成果還是代表一切」這樣的話來。雖然有時也會在正面的含義下說出像「不管你平時在哪裡忙些什麼，只要能拿出成果來就沒關係」這樣的話，但聽的一方只會覺得「不管我再怎麼努力，只要拿不出成果，就得不到好的評價是嗎……」，反而備感壓力。

例如職場上的同事，設下目標一千萬日圓的業績，最後的結果是達到九百五十萬日圓，只差一點，一位上司對他說**「為什麼拿不出成果」**，給予「負評」。另一位上司則是對他說**「雖然很遺憾，但你一直努力到最後。我認為你的簡報資料做得很好」**，對他的過程給予「好評」。如果有這兩種類型的上司，能提高當事人幹勁的無疑是後者。

如果你覺得自己與周遭人處不好，原因可能就出在這裡。要是你會對對方抱持期待或要求，又只會以成果來給予評價，最好改變一下你的想法。

良好的人際關係，是從**「認同」**對方的優點或努力的過程開始做起。討喜的人會創造出這樣的良性循環。一個人能認同自己的努力，自然也會注意到別人的努力，而能包含過程在內，給予評價。

不該說的話

✕ 我這是為你著想

我是這麼想的

討喜的好話

「為你著想」其實是
為了「滿足自己」而用的字眼

082

不論是在商場還是在家中，**「我是為你著想才這麼說」**，會說這種話的人要特別注意。這是「為了滿足自己」而用的字眼，將自己「希望對方這麼做」的事，營造出「這是為你著想」的善意假象，想加以支配。

「我這麼說有點嚴苛」這樣的開場白也一樣，是自己特別想控制對方時會用的話語。接在後方的往往是對對方辜負期待的不滿或攻擊。「期待」一旦無法如願，就容易變成「攻擊」。

在商場上，有不少人會用這種話語來打壓部下或後輩。愈是對某人有「絕對不想輸他」的這種想法，愈會像在玩大風吹一樣，把有能力的人擊潰。尤其容易成為受攻擊目標的，是不會主張自我的人。以及會對上司下達的指示提出「這種做法會不會太鬆散？」這種看法，一語戳中要害，能力高的部下。因為只要覺得自己應付不來，就會備感威脅。

「我這是為你著想」，當你想這麼說時，要好好面對自己的內心。當你是真的為對方著想時，不妨說一句**「我認為這樣做比較好」**，簡短的傳達出你想說的內容。負面情緒容易顯現在話語中，所以要時時提醒自己要客觀看待自己，冷靜的應對。

不該說的話

✕ 不是這樣吧？

你是基於什麼
想法而這樣做？

討喜的好話

頻頻用評價別人的態度說話，
證明這個人是「妄自尊大」

083

「好／壞」、「正確／錯誤」、「做得好／做得差」。對這些事作斷定的應對，我們稱之為**「評價性態度」**。

以這種二選一的方式來評價別人，證明你心裡想「我在他之上」。覺得自己比對方聰明、工作能力更好、自己才是對的，有這樣的自信和驕傲，所以會藉由評價對方來自我滿足，這種人可不少。

見對方做的事，總愛判定「這樣不好」、「勸你還是別那樣做」，還有毫無根據的用主觀看法對人說「不會有事的」，這也是同樣的情形。我也曾聽說，有位上司一聽到年輕部下對他說「不會有事的」，就會發火。

自己單方面的判斷，會讓對方感到不愉快。覺得自己常會做這種發言的人，請先試著克制自己，別照著自己心裡的想法去作判斷。

想提出反駁時，別擅自斷定，請先問一句**「你是基於什麼想法而這樣做」**，確認對方的想法。

如果有不同看法，就告訴對方「我是這麼想的」，說明你的意見。就算遭對方反駁，也不要去評價對方，要相互體諒。

別意氣用事，要站在對等的立場展開交談，以此作為努力的目標。

不該說的話

✕ 你不結婚嗎？

你對生涯
有什麼想法？

討喜的好話

請別大剌剌的
闖進別人的個人隱私中

084

展開和工作無關的閒聊時，有時會聊到個人隱私。常有的情況是問單身女性「妳有男朋友嗎？」、「妳不結婚嗎？」、「孩子怎麼辦？」、「妳住哪裡？」，直接就問及私人問題。

當然了，這也得視彼此的關係深淺而定，不過，許多人都對戀愛、結婚、生產等話題很敏感，如果大剌剌的深入細問，有可能會構成性騷擾。

尤其是**對初次見面的人，更是嚴禁問對方個人隱私，加以刺探**。突然就開口問一句**「妳幾歲？」、「常和男友見面嗎？」、「結婚了嗎？」**，不僅很粗神經，而且是很失禮的行為。女性這樣問男性，同樣會惹人厭。

最糟的情況是上司對部下說「妳還單身嗎？勸妳早點結婚比較好哦」、「最好在〇〇歲前生孩子比較好哦」、「就算結婚生產，還是會有丈夫養妳，真好」，**將自己老舊且保守的價值觀強加諸在對方身上**。這算是精神騷擾、性騷擾，且時有所聞。

和親近的人熱絡的聊個人隱私，這不成問題。但如果對方和自己沒那麼熟，就這樣肆無忌憚的硬闖他人的私領域，問東問西，這可就犯了禁忌。

話說回來，想和人共享自己祕密的人，會自己開口說，所以最好的方式是等對方主動開口。要一步一步來，看清楚自己與對方的交界線在哪兒。

不該說的話

✕ 這沒什麼

你最擔心的是什麼？

討喜的好話

「是否真的沒什麼」，由當事人決定

085

如果你因為發生了討厭的事，而為此煩心時，有人對你說「這沒什麼」、「用不著在意」，你會有什麼感受？煩惱的內容「是否真的沒什麼」，**只有當事人才知道**。「要不要在意」也一樣，如果當事人可以輕易控制，應該就用不著煩惱了。

像這樣的發言，是擅自決定「你的煩惱根本就沒意義，也沒價值」，否定了煩惱本身，所以是會嚴重影響聽者心情的一句話。

如果你沒這個意思，是真的替對方擔心，希望對方能打起精神來，那就請試著問對方一句**「那件事，你最擔心的是什麼？」**、**「要是有什麼擔心或煩惱的事，可以跟我說」**。

舉例來說，有位同事因為挨上司罵而心情沮喪，這時你可以問他「上司對你說的話當中，什麼最令你感到在意？」讓他說出自己的感受。這時不需要多方給予建議。有人只要對他說一句**「原來你有這種感覺啊」**，好好聽他說，就會心情舒暢許多。

之後要是當事人告訴你「好在有你聽我說」，那就太好了。雙方想必能維持良好的關係。

不該說的話

✕ 看你好像都沒煩惱呢

看你總是
很有精神呢

討喜的好話

「好像沒煩惱」帶有一種
「樂天又遲鈍」的感覺

086

沒有煩惱是件好事。但要是別人對你說「你看起來都沒煩惱」、「不管發生什麼事，你好像都不會生氣」，是不是會有種複雜的心情？

每個人總會有一兩樣煩惱。如果遇上討厭的事，還會生氣。而完全沒煩惱的人，感覺就像是樂天而又遲鈍，什麼也不會想的人，這別說是誇讚了，甚至容易被當作是負面的含義。

這聽起來像是在諷刺說「你這麼樂天真好」，有人或許聽了會覺得對方是在瞧不起自己，而內心受傷。

如果你沒這樣的心思，而是想對向來都很開朗的人表達正向的印象，不妨說一句**「看你總是很有精神呢」**，這樣便不會招來誤會。

對總是面帶微笑，個性溫和的人，不妨說一句「〇〇小姐，妳總是個性溫和，笑容很迷人呢」，如實的說出心中的感受，這樣便能很直接的傳進對方心中。

如果羨慕這樣的人，就說**「〇〇先生，你不管發生什麼事都不會悶悶不樂，只要和你在一起，就會充滿朝氣。我也要好好向你看齊」**，傳達出你心中的感受，這樣對方也會覺得「他說的好像是真心話」，而往好的含義去解讀。

對不知道實際情況是怎樣的事胡亂猜測，這種說話方式要盡量避免。

不該說的話

✕ 我是這樣

○ 原來你是那樣啊

討喜的好話

只顧講自己的事，
這樣只是在空轉

087

對別人說的話不感興趣，總是只談自己的事，令周遭人疲於應付的人，是否也存在於你四周呢？舉例來說，一聊到最近看過的電影，便說「那部我看過。很有趣，讓我想起自己的青春時代。其實啊，我曾經遇過這麼一件事……」，**一把將眾人的對話搶走，開始說起自己的事**，就像這樣的人。

這種人並無惡意，甚至應該說，他們大部分都是覺得這樣好，才會談起自己的事，不過，要先能相互了解，溝通才有辦法成立。如果只是一味的說自己想說的事，無法加深彼此的信賴關係。

尤其是對方比自己年輕，知識和經驗都不足時，有人會誤以為「我說自己的經驗談，是出於好心」。

不過，把別人的話搶走，就算講出再好的資訊或建議，對方也不會聽。反而只會讓人感到不滿，覺得「這個人都不聽我說。沒辦法說出我想說的話」，而給人壞印象。

為了避免走到這一步，要聽對方說到最後，並說一句**「原來是這麼回事啊」**，暫時先接受對方的說法。之後再告知一聲**「可以聽我說句話嗎？」**說出你想說的話，這樣對方就會願意傾聽。只顧講自己的事，這樣只是在空轉，得不償失。

✕ 那是在哪兒買的？

如果能告訴我
是在哪家店買
的，供我參考，
那就太感激了

討喜的
好話

因為感興趣而想問的事，
可試著請求對方提供資訊

088

和個人隱私有關的話題，還有很多注意事項。

例如想針對對方的嗜好或生活多方詢問的情況。如果對方是女性，有人會針對她的穿搭和隨身物品，問一些瑣細的問題，例如**「那是在哪兒買的？」**、**「花多少錢買的？」**、**「那是哪兒買的包包？」**甚至會毫無忌憚的進一步深入詢問**「妳假日都在做什麼？」**、**「妳先生是從事什麼工作？」**。其實這種人還真不少。

如果是當事人自己想說，倒還另當別論，但就算是自以為交情不錯的對象，要是問到惹惱對方的事，氣氛一樣會變得很尷尬。對方只會覺得「這種事我沒義務跟你說」，而與你保持距離。

當然了，如果對方主動說「這個包包不錯吧？」拋來話題，那就是她想說的訊號，所以這時就算多方詢問也沒關係。但如果不是這種情況，而又想詢問時，不妨說一句**「妳如果肯告訴我是在哪家店買的，供我參考，那就太感激了」**，請對方提供資訊。這麼一來，被問到的一方也不會感到排斥。

不過，只要不是關係很親密，就嚴禁對個人嗜好追根究柢。如果想毫無顧忌的聊這種話題，盡可能縮短彼此的距離，就要先主動談到自己的私事，敞開心胸。

不該說的話

✕ 互相體諒嘛

我們來討論看看，怎樣找個折衷點吧

討喜的好話

如果對方用一句「互相體諒」來收場，心裡會覺得不滿

089

舉例來說，應客戶要求，而要提早繳交商品，這時與客戶交涉要提高價格，對方卻以**「互相體諒嘛」**一語帶過。

下訂的一方覺得「我平時都訂那麼多貨，這點要求總該幫一下吧」，而接訂單的一方則是覺得「我這是完全配合你的方便，所以你要出高價買下」。

在這種場面下，要是使用「互相體諒嘛」的說法，會讓人感受到一股「我也是很辛苦的，所以你也忍耐一下，大家互相體諒吧」的無言壓力，**就此在心中留下不滿，難以釋懷**。像這樣不把話說清楚，硬要對方接受，會給人壞印象。為了不因此感受到壓力，能愉悅且順利的展開交易，不妨開門見山的說一句**「我們來討論看看，怎樣找個折衷點吧」**，彼此進一步討論，這樣會是比較好的做法。

有很多人因為新冠疫情而面臨窘境。想必也有因為合約或行程作廢，而在很多方面發生這樣的情況吧。

像這種時候，要是對方說「因為遇上緊急情況，所以請互相體諒」，一副理所當然的姿態，要你配合要求時，你該怎麼辦？其實就算是無可奈何的事也一樣，拿出誠意，展現出願意協調的態度，比什麼都重要。

第10章 問話方式

請試著想像一下自己和人一對一交談的場面。如果對方流露出居高臨下，或是不耐煩的態度，就會不想說話對吧。「說話方式」就不用說了，就連「問話方式」也很容易透露出問話者是否真心。

給人好印象的人所採用的問話方式，就像在說「我都有認真聽你說哦」，會讓對方感受得到。這同時也是構成諮詢基本原則的一大重點。

配合說話內容做出豐富的表情，對對方說的話表現出濃厚興趣，仔細聆聽，這樣就算對方再怎麼沉默寡言，也會逐漸開啟話匣子。不過，如果面無表情，沒任何反應，就只是坐著聽，對方會感到如坐針氈，很快就會起身離席。

有人會因為你的「問話方式」而敞開心房，也有人會因為這樣而離去。別忘了點頭，並適時的附和，請養成用豐富的表情來回應的習慣。

各位在業務上應該會有感到困擾或煩惱的事吧……
當然了，除了業務以外，想必也有不少苦惱……
像這種時候
希望你們隨時都來找我商量。
拍胸脯
……好……
咦？真奇怪。
怎麼都沒人來找我呢。
關於這裡的規格……
這個是吧
真無聊
那是資料對吧
我幫妳拿吧
謝謝
這邊也可以請你幫忙嗎？

不該說的話

✕ 什麼都行，有想說的話儘管說沒關係

你有什麼困擾嗎？

討喜的好話

「什麼都行，有想說的話儘管說沒關係」，說這種話的人，反而讓人難以開口

090

平時都會聽你發牢騷、訴說煩惱的人，已和你建立了無話不談的良好關係。相反的，平時有話想說卻不敢說的對象，則是因為有上下關係或利害關係等原因，而刻意保持距離的人。或者單純只是處不來。

因此，「什麼都行，有想說的話儘管說沒關係」，在刻意說這種話的場面下，對方可能會覺得這存有風險，而暗自猜想「要是說出口，會挨他罵」、「他會討厭我」、「他這是在試探我」，因而什麼也說不出口，這是可以想見的情形。

在這種情況下，如果希望對方能坦率的說出自己的煩惱或困擾時，不妨說一句「你在為○○那件事傷腦筋嗎？」或是「你在思考生涯規劃嗎？」**具體向對方傳達你想問的事**。若不這麼做，對方也不會主動說出。在沒展開進一步相互交流的關係中，「什麼都行」的範圍太廣泛，反而教人不知該說什麼才好。

如果是真的希望對方給意見，而不是講客套話，就說**「請針對○○這件事給我意見」**，聚焦在問題上，這樣就能得到對方的意見。

重點在於不是要求對方「請這麼做」，而是**自己告訴對方「希望你可以這麼做」**。

不該說的話

✕ 總會有辦法的

一起想想
該怎麼做才好

討喜的好話

「毫無根據的勉勵」
是不負責任的行為

091

在聽別人講負面的話語時，有人會認為是為對方好，而說一句**「總會有辦法的」、「應該不會有問題的」，毫無根據的勉勵對方**。這和一百九十五頁提到的「評價性態度」一樣，是以「居高臨下的態度」判定對方的言行，很不負責任的說話方式。

也有人絲毫沒有勉勵對方的意思，就只是想早點結束談話，而隨口敷衍一句「總會有辦法的」。採取這種馬虎態度的人，往往容易在人際關係上失去別人的信賴。儘管對方說「總會有辦法的」，但還是有解決不了的煩惱和困擾，所以才會要找人訴說。在這種情況下，聽者會心想「跟這個人說再多，他應該也只會覺得事不關己，不會認真聽我說吧」。

如果是真心想替覺得困擾的對方鼓勵打氣，不妨親切的聆聽對方說話吧。如果有必要，就**以同樣的視線跟對方說一句「我們一起想想該怎麼做才好」**，這樣便能傳達出你的誠意。如果你覺得「總會有辦法」，那麼，「你認為什麼事會如何順利的進行，所以會有辦法的」，要具體的告訴對方才行。

如果沒有明確的根據，但還是想鼓勵對方，不妨說一句**「我永遠都站在你這邊，所以我希望你好好加油」**，對方應該也會很坦率的接納。

不該說的話

✕ 嗯～哦～

○ 是、對

討喜的好話

含糊不清的附和，
是漠不關心的心情展現

092

沒在聽人說話時，往往會一再的發出「嗯～」、「哦～」這種**心不在焉的回答**。這是一種心情的展現，就像在說「你講的話很無聊」、「真希望他快點結束這個話題」，會讓說話的當事人心生芥蒂，感到不悅。

雖是同樣的回答，但如果是「哦！」這種佩服的口吻倒還另當別論，如果不是，而是一再重複的用「哦～」來回應，那可就是禁忌了。在諮詢的場合中，原則上是不會使用「嗯～」、「哦～」這種含糊不清的附和。

當你很希望對方能早點結束話題時，不妨就清楚明確的告訴對方**「我現在沒時間，這件事下次再聽你說吧」**。

如果還不至於中途打斷對方，那就要展現出認真傾聽的態度。為此，在談話間的空檔，不妨就以**「是」**、**「對」**、**「好」**、**「說得對」**來展開**「完整」的回答**。

此外，當對方的談話內容偏離主題，或是突然改變，不懂對方究竟想說什麼時，就要說一句「對了，你是談○○那件事對吧？」，將話題拉回主題。如果心裡明明覺得不耐煩，卻還是繼續聽，這樣對對方也很失禮。而感到疲憊，或是有其他擔心的事情時，要耐著性子聽人說話確實不容易，所以清楚的告訴對方「我在現在這種○○的狀態下，無法集中精神聆聽」，這點很重要。尤其是對搭檔或孩子，不妨坦白的告知自己的現狀吧。

不該說的話

✕ 你在聽嗎？

剛才我說的話，有沒有哪裡不懂？

討喜的好話

「你在聽嗎？」是「你沒在聽對吧？」的反面說法

093

如果不是很親密的家人或摯友，就不會用**「你在聽我說嗎？」**這種高壓式的詢問方式。不過，最近在職場和家庭，因為每個人都整天盯著手機或電腦看，因而想確認對象是否在聽自己說話的場面愈來愈多，這也是事實。那麼，如果對方不是自己的親人，該改用怎樣的說法才好呢？

「你在聽嗎？」這句話，是「你沒在聽吧」的反面說法。換句話說，就是因為覺得對方沒在聽，所以才用反面說法來問，算是一種負面用語。當對方聽了這樣的詢問感到不耐煩時，就算沒在聽，也會隨口應一句「我在聽啊」，所以這麼做只會讓彼此感到不滿。

「剛才我說的話，聽得懂嗎？」也是一樣的情形。因為這很可能會讓對方聽了之後當你是在挖苦說「應該是聽不懂吧？」

像這種情況，若採取**「剛才我說的話，有沒有哪裡不懂？」**的問話方式，便緩和負面的語感。**從「責備的感覺」轉變成「確認的感覺」**。

如此一來，對方會比較好回答，而回你一句「關於A那件事，請再詳細說明一下」、「大致都能理解」。

不該說
的話

✕ 為什麼會
犯下那樣的失誤？

該怎麼做才能
防止失誤呢？

討喜的
好話

比起責備過去所發生的事，
不如談談未來

094

失誤或失敗時，最討厭的就是遭到周遭人的責備。沒人是自己想要有疏失或過錯才這麼做。倒不如說，原本以為「用這種做法應該會很順利吧」，而努力推動，結果卻失誤或是失敗，所以最深切感到歉疚的人正是當事人。就算其他人責怪或是逼問「為什麼你要做那種事？」或「為什麼會失敗？」過去的時間也無法重來，所以這只會是沒半點助益的對話。

儘管如此，還是非得追究原因時，若能問一句**「這次失誤的發生原因是什麼？該怎麼做才能防止今後再有失誤發生？」**，**將焦點放在「未來」**，對方也會坦率的回答。

其中有些案例，是個性急躁的上司單方面的向犯下工作疏失的部下咆哮「你在幹什麼傻事啊！」就此構成權力騷擾，不過，對部下的管理也算是上司的責任。

像這種情況，也要冷靜的說一句「已經發生的失誤，已無力挽回，所以希望你能鎖定原因，提出報告，看要採取何種對應方法，才能避免同樣的情形再度發生」，下達具體的指示，如此一來，事情便能順利推動。說到別人的過失時，很容易情緒勝過理性，為了加以避免，得要有「自我克制力」。

不該說的話

✕ 經這麼一提才想到，我也有這麼一件事

我可以說句話嗎？突然想起我有這麼一件事

討喜的好話

搶話會讓對方感到不滿和難以接受

095

當我們聽別人說話，而在腦中浮現自己的記憶或情感時，是否該打斷對方的話改說自己的事，有贊成與反對兩種看法。這不該只為了自我滿足，如果是對對方有幫助的資訊，或是想和對方共享的內容，我認為就算說也無妨。

不過，要是說話方式有誤，就會被認為是在搶話，所以需要多花些心思。

錯誤的例子就像兩百零三頁提到的一樣，對方話說到一半，**你突然插話說道「經這麼一提才想到，我也有這麼一件事……」**話說到一半被人這樣打斷，心裡會覺得「我話還沒說完呢……」難以接受。而另一方面，如果先知會一聲**「我可以說句話嗎？」**而對方也回說「可以啊，什麼事？」那就可以開始講你自己的事「聽了剛才的話，我也想起了一件事……」

人們的情感時時會和說話的內容一起變動，所以就算用一句「對了，剛才說到A那件事，我也想起一件事」，拉回原本的話題，但對方卻不會用一樣的心情聽你說。因此，如果心裡有話覺得「我現在無論如何都想告訴你」，就不妨先跟對方知會一聲，即時說出你要說的話，這樣比較有效果。只要之後再回到原本的話題，別單方面的改變談話的走向，這樣就沒問題了。

✕ 這件事之前聽你說過了

這是關於〇〇那件事對吧。很有意思。

討喜的
好話

喜歡凡事和諧的人，
會想一再重複說同樣的話

096

面對同樣的話一再重複說的前輩或上司，若開門見山的說一句「這件事之前聽你說過了」，會很傷人。如果對方是自己親人，就算你說「這件事之前聽你說過了」，對方回一句「哦，這樣啊？」也就沒事了，但是在雙方為上下關係的場合中，尤其不能這樣說。

當然了，地位高的人說同樣的話，每次都耐著性子聽對方說完，也是個辦法。不過，如果不想一再聽同樣的話，就說一句**「那是之前聽你提過的 A 那件事對吧」**，讓對方知道你已經聽過這件事，也是個不錯的辦法。

若是接著再補上一句**「那件事很有意思呢」**、**「聽了那件事後，我也想好好努力了」**，**加上你的感想**，對方聽了會心想「他記得我說的話呢」，而感到開心。

有人每次說同樣的事給別人聽，就能重新整理自己的情緒，看對方也和他有一樣的反應，便感到精神振奮。這種人的自我表現欲和自我認同欲很強烈，所以只要你能夠忍受，不妨就聽對方說，這樣雙方能維持良好的關係。

人是喜歡和諧的生物。「我說這件事，會得到這樣的反應」，如果情況確實照著這樣的想法走，就會感到愉悅，所以**才刻意重複說同樣的事，想讓自己安心，擁有這樣的一面**。對肯聆聽自己說話的人抱持好印象。知道這樣的原理後，應該就會比較願意聽對方說話了吧。

第11章 謝罪的方式

謝罪有三大原則。分別是「承認事實」、「簡單明瞭」、「愈快愈好」。不過，常看到的案例是，講了又臭又長的藉口，隱瞞自己的疏失，結果讓事態更加惡化。

舉例來說，儘管是因為電車誤點，而趕不上與人約定的時間，但造成對方困擾是事實，所以要先道歉才有禮貌。但不善於謝罪的人會說「因為電車誤點」、「雖然我很準時出發……」先講「藉口」。這麼做實在不妥。你心裡或許想「我明明就沒錯」，覺得很不合理，但就此蒙受損失的對方，會生氣、感到不悅，關上心門。首先要「謝罪」，等對方接受後，才能開始請對方聽你說「理由藉口」。

透過正確的道歉，有時給人的好感會就此提升。適當的謝罪，是培養更好的人際關係的方法之一。

我開會遲到了！
咔
嚓
早安。
我遲到了，
真的很抱歉！
知道了，請坐。
得小心一點才行……
咚
我遲到了。
咦？
我隔壁的……
哈哈哈
不好意思～歹勢啦！
你可以不用來了！
快回去吧！

不該說的話

✕ 不好意思

我很抱歉

討喜的好話

因疏失或是失敗而道歉時，
正是好機會

097

在公開場合對上位者道歉時，以「不好意思」、「歹勢」這種**輕率的字眼道歉，有失禮數**。

例如在商業會議中遲到三十分鐘的人，在進門時要是面帶苦笑的說「我遲到了，不好意思。歹勢啦」，會讓人覺得**「他應該是不覺得歉疚吧……」**，而惹來周遭人的白眼。如果是跟知心好友道歉，那就另當別論，但在工作上有疏失或失敗時，不該使用這種字眼。

此外，對於動不動就說「不好意思」，一點都不覺得難為情的人，會讓人覺得「其實他根本完全沒反省吧」。

而另一方面，「我很抱歉」這句話，帶有「我覺得很過意不去，無從辯解或解釋」的意思，是**很正式的說法**。如果是真心想謝罪，**就該避免用狀甚親暱的表現方式**。

疏失或失敗的時候，周遭人也會很在意你的表現，心想「他會採取什麼因應方式呢？」所以這在考驗你會如何對應。就這層含義來看，這同時也是個「好機會」，請特別留意，要保有適度的距離感，以適當的用語，誠懇且客氣的道歉。

隨著你的謝罪方式而定，有可能討人喜歡，也可能惹人厭。最重要的是展現誠摯的態度。

不該說的話

✕ 我努力過了，但因為不可抗的因素……

眞的很抱歉。其實情況是這樣的。

討喜的好話

要忍住想辯解的衝動，
好好傳達事實

098

謝罪的基本原則是「道歉」。就算是因為電車誤點而遲到，**心裡覺得不合理，也還是要先低頭道歉**。如果不先說一句「您撥出寶貴的時間給我，卻讓您久候，真的很抱歉」、「因我的處置不當，造成您的困擾，真的很抱歉」，對自己造成對方困擾的事道歉，那一切都不用說了。

如果對方肯聽你說，再**簡單扼要的告知**自己失敗或疏失的原因，例如「其實我是因為電車停了三十分鐘才遲到」、「因為我方的交接內容有誤」。要是對方生氣，現場氣氛不適合解釋時，就得在道歉後，重新寫一封道歉信寄給對方，採取適切的處置。

該注意的是，像「我努力過了，但因為不可抗的因素……」、「我自認已提醒過自己，要盡快展開因應……」這種帶有個人感受和情感的**「辯解」，千萬別說**。

辯解很容易被看作是在推卸責任，而心生排斥，這是一般人的心理。因此，辯解有可能會更加惹怒對方。

另一方面，只簡潔的傳達事實或狀況，這能回應對方想知道「到底發生了什麼事？」的需求，所以比較能讓人接受。在道歉時，要忍下想「辯解」的衝動，**只傳達「事實」**。別忘了這項不變的鐵則。

不該說的話

✕ 我一時不小心

是我了解不深

討喜的好話

對自己「一時不小心」沒感到半點歉疚的人，無法委以重任

099

對於自己造成對方的困擾，能拿出多大的誠意道歉，將會決定成敗，這就是謝罪。只要留意這點，自然緊張感就會提高，輕率的話語不會隨口而出。不過，像**「我一時不小心」**、**「我忘了」**這種很失禮的話語，可以聽得出你輕忽對方，總是將對方的事擺後面，但會說這種話的人卻出奇的多。

例如部下將客戶的重要文件忘在電車上，就此遺失時，要是他向你道歉時說一句「一時不小心」，你會怎樣？會不會在心裡想「重要的工作實在不能交給這個人去辦」呢？

「我不知道這件事」、「我沒聽說」也是一樣。從這種**推卸責任的言詞**中，完全感覺不到半點反省之色，所以聽到這樣的話，會更想揍對方。

另一方面，如果用**「是我了解不深」**、**「因為我德行不夠」**這種客氣的用語，很誠懇的道歉，而令對方覺得「大可不必道歉到這種程度吧……」，則往往會一切順利。不過，要是得寸進尺，見對方替你著想，回你一句「沒關係啦」，就占對方便宜，好像什麼都沒發生過似的，這樣會讓展現善意的對方覺得你不老實，而失去對你的信賴。道歉後也絕不能鬆懈，要持續保持**「謙虛的態度」**，這點很重要。

不該說的話

辛苦您了，真的很抱歉

造成您的混亂，
真的很抱歉

討喜的好話

自己主動說一句「辛苦了」，
無疑是火上澆油

100

在對應客訴，向對方道歉時，常會引發紛爭的一句話，就是「辛苦您了，真是抱歉」。

例如，有人前來客訴道「你們交貨的商品，上頭標示有誤，我們現場的工作人員為了應付，現場一片混亂。」這時如果回一句「辛苦您了」，對方會覺得**你用「辛苦了」這種表面話一語帶過**，心想「你一點都不了解我們的狀況」，而就此火上澆油。

像這種情況，如果能了解對方的情況，在回答時說一句**「造成貴公司工作人員的混亂，真的很抱歉」**，就能給對方一份安心感，認為你懂得接納他說的內容，將他的話聽進去了。

對應客訴的基本原則，是**好好掌握對方最想投訴的事是什麼**。尤其是用來表達感受或說明事實關係的話語，更是要聽進心裡。

發生問題時，對此表達道歉之心也很重要，不過，前來客訴的一方，大多也都希望對方能順利的接納他的感受或想法。對這份心表現出你的理解，這樣能讓對方接受，並感到安心。

不該說的話

我想下禮拜向您致歉

我想向您致歉，
今天可以撥時
間給我嗎？

討喜的好話

一派輕鬆的答覆，
明顯給人一種「拖延感」

101

發生疏失或引發麻煩，原因是出在自己身上時，應該率先向造成困擾的對方道歉才有禮貌。

就算是在你忙碌的時候接獲對方通報，得知自己疏失的事，但要是一派輕鬆的回一句「我下禮拜再向您致歉」，這就如同是在說「請容我將你的事往後延」。對方聽了會更生氣，很可能會回你一句「你不用來了」，就此和你斷絕關係。

謝罪的對應速度，會表現出你真正感受到抱歉的這份心有多強。當對方覺得「他以我們的事當第一優先，馬上就趕來了」，往往就會因此平息因蒙受困擾而激起的憤怒。疏失或麻煩的內容愈嚴重，謝罪的速度就愈重要，所以要記得傳達你**想馬上面對面道歉的意願**。

如果對方氣得不想見你的面，或是因為人在遠方，無法馬上前往道歉，而對你說「就算你專程來，我也很困擾」，那就要馬上鄭重的寫一封道歉信寄去，或是寄電子郵件，以示誠意。視情況而定，不妨以上司的名義一併寄書信過去。這時候要加上一句**「原本理應當面拜訪致歉，這麼做雖然有失禮數，但還是請容我先以電子郵件向您致歉」**。謝罪要的就是這種有速度感的細膩對應。

不該說的話

✕ 我沒想到會引發這樣的糾紛

是我沒掌握好它的重要性

討喜的好話

如果糾紛的責任在自己身上，
「我沒那個意思」這句話便行不通

102

大企業的廣告總會因為「呈現手法不恰當」，而遭世人責難，就此下架。而在我們的日常生活中，雖然沒惹出這麼大的糾紛，但總還是會遇上自己覺得不錯才去做的事，最後卻惹出意想不到的糾紛，還得向人謝罪。像這種時候，如果是你會怎麼處置？

「我沒想到會遭受這樣的誤會」、「我萬萬沒想到會引發這麼大的糾紛」，你或許曾直接向對方表達自己的感受。但只要糾紛的原因出在自己身上，就免不了得謝罪。就是認為自己沒錯的這個念頭引發糾紛，即使想用「我沒那個意思」來解釋，但只要是對他人造成困擾，你還是非得向人道歉不可。

像這種時候，**說一句「是我沒掌握好它的重要性。我的認知和想法太過天真，給各位相關人士造成困擾，真的很抱歉」，自行認錯，並誠懇的道歉**，這才是最好的做法。

而為了避免再犯同樣的疏失，要思考如何改善，並向相關人士報告，這樣就能將失敗的經驗運用在下次的機會中。

該做的事若能一一處置得宜，失敗的經驗也會換來別人對你的信賴。

第12章 社群網路、電子郵件

不論是在商場上，還是私人領域，用電子郵件或社群網路與人聯絡已是理所當然的事。不過，這當中有個陷阱，需要特別注意。透過電子郵件或社群網路與人溝通，與面對面對話相比，資訊量減少許多，容易招來誤會。

尤其是對自己的疏失道歉這種難以啟齒的事，或是帶有負面內容的事，如果想用電子郵件或社群網路來解決，這樣傳達不出誠意，很可能會成為引發糾紛的導火線。若是凡事都用電子郵件或社群網路來交差了事，有可能會誤踩地雷。

該注意的重點是，當你引發糾紛時，就要直接找對方談。別用「請不要○○」這種否定句，而是用「請○○」這種肯定句。別用「如果可以，請在本週內給我答覆」這種「模糊不清的表現方式」來讓對方回答，而是加上你的希望和補充來告訴對方「請在○○之前答覆我。如果有困難，請再跟我聯絡」。這是該注意的三個重點。絕不要批評別人或是寫別人壞話。

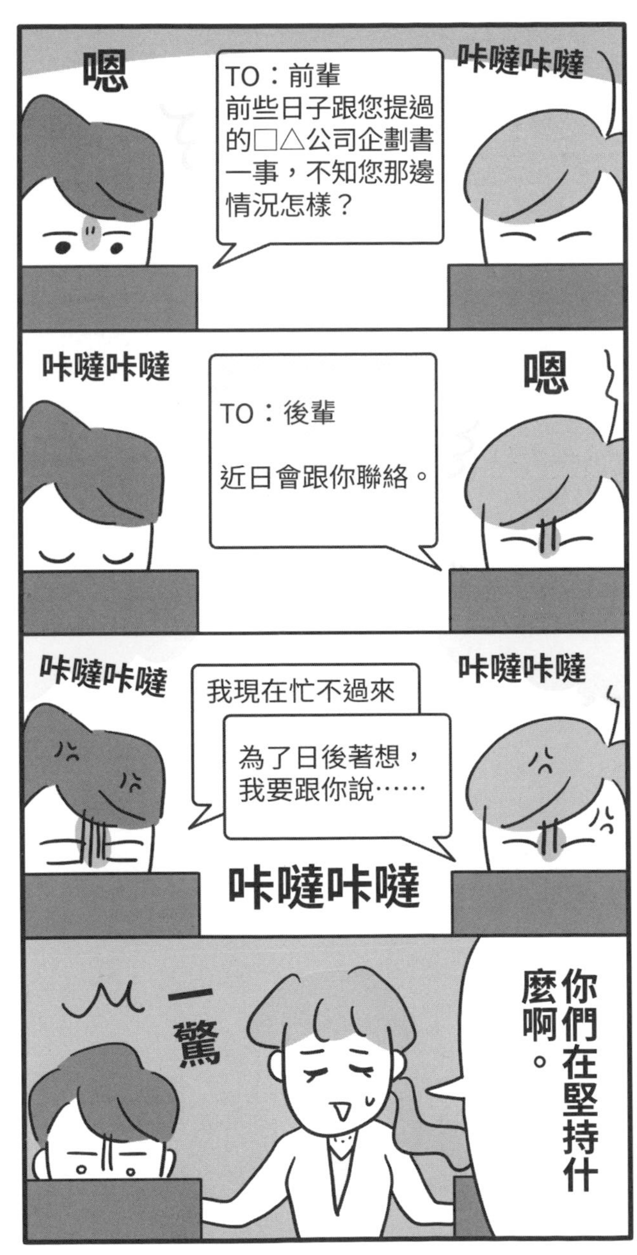
嗯
TO：前輩
前些日子跟您提過的□△公司企劃書一事，不知您那邊情況怎樣？
咔噠咔噠
咔噠咔噠
TO：後輩
近日會跟你聯絡。
嗯
咔噠咔噠
我現在忙不過來
咔噠咔噠
為了日後著想，我要跟你說……
咔噠咔噠
一驚
你們在堅持什麼啊。

✕ 前些日子跟您提過……

○ 是我沒說明清楚，抱歉

討喜的
好話

對方不見得會記得「前些日子」、「上一次」說的內容

103

因為有不懂的地方，而用電子郵件相互詢問時，見回答的一開頭寫著**「前些日子也跟您提過」**這麼一行字，應該有不少人會怒火中燒。因為從「前些日子也跟您提過」這句話中，感覺到一股「之前我也說過對吧？你不知道嗎？你沒確認嗎？」的無言壓力。

「前些日子那件事」、「上次的」，突然來這麼一句，如果不是頻頻談到那件事，**一時間會想不起來**。這麼一來，為了確認「前些日子」或「上一次」，就必須回溯查看先前的紀錄。花費這樣的時間和精力，會招來不耐煩。

為了不對前來詢問的對象失禮，記得要態度謙恭的補上一句**「是我沒說明清楚，抱歉」**。此外，別省略上次說過的內容，看是要再傳送一次詳細資料，或是簡潔的再歸納一遍，請仔細安排，讓對方可以光憑電子郵件就理解一切。重新寄送時，若能加上一句「〇月〇日已用電子郵件寄送的資料，在此重寄」，不僅簡單明瞭，也能讓對方知道，這並非你這邊的疏失。

別以為別人能和你一樣馬上明白你說的情況。若能多用心安排，避免讓對方感到困擾，應該就能展開替人著想的親切對應。

不該說的話

近日會與你聯絡

這個星期五之前
會與你聯絡

討喜的好話

行程上「模糊不明的表現方式」，最會讓對方感到困擾

104

與行程或數字有關，模糊不明的表現方式，幾乎都會造成對方的困擾，容易引發糾紛。

在討論工作的過程中，收到對方的電子郵件，上頭寫著「我近日會回覆您」、「後續會再聯絡」、「我會進一步檢討」，想必大家都有這樣的經驗。得到這樣的回應，有時會心想**「近日到底是什麼時候？」**、**「後續是怎樣？」**，而對這種懸而未決的狀況感到擔心，甚至連其他工作的行程也被迫暫停待命。很多人都不明白，模糊不明的表現方式就是這麼會對人帶來壓力，造成別人的困擾。

電子郵件裡常會寫到「本週內」這個字眼，到底是在星期五前、星期六前，還是星期天前，**每個人的認知都不一樣**。因此，如果不具體的標示「會在本週五前與您聯絡」，就會出差錯。同樣的，「今日內」到底是指上班時間的下午六點前，還是這天結束的晚上十二點前，足足差了六小時。現在人們常會在網路上交談，隨時都能聯絡，所以要特別注意。

因為是這麼容易引來誤會的表現方式，所以像利用電子郵件或社群網路來傳達事情時，將自己「以為的事項」全部用數字具體化，這樣便能避免引發糾紛。最後要再確認一句**「這個日程沒問題吧？」**徵求對方同意。

不該說的話

✕ 我正手忙腳亂

○ 對應有點晚，很抱歉

討喜的好話

就算告訴對方自己有多忙，
一樣只是負分

105

當自己太晚聯絡或對應時，有人會說自己工作忙碌，而以一句「我現在手忙腳亂」、「我現在正忙碌，那件事我之後再跟你聯絡」當藉口。聽對方這樣說，你會不會在心裡想「說到忙，大家不都一樣嗎？」、「希望他可別因為忙，就把我的事往後延？」

「手忙腳亂」的表現，給人的感覺很不冷靜，是個不擅長安排工作的人。「我現在正忙呢」這種表現方式也一樣，不管再怎麼告訴對方自己有多忙碌，這也不關對方的事。如果是想讓自己的行動正當化，那反而會造成反效果。

另一方面，就算是因為太忙而太晚對應，也應該說一句**「因為我的處理不當，這麼晚才對應您，真的很抱歉」**，不以忙碌當藉口，**坦然道歉的人**，會給人誠實的印象。就算希望對方能再多給一點時間對應，只要說一句「希望能再給我一點時間，這件事我會在星期五處理」，告知**「具體的預定」**，對方也會比較能接納。

以自己的忙碌當藉口，就像是在說「我忙著優先處理其他工作，所以把你的事往後延了」。這樣只會是**負面宣告**。這句話象徵了你完全沒替對方考量。最好養成習慣，別把這句話掛嘴邊。

✕ 請容我這麼做

○ 我會去做

討喜的
好話

「請容我……」若是濫用，
會讓人覺得是在施恩求報

106

看到電子郵件上頻頻出現「請容我……」的字眼，會不會覺得是在施恩求報？明明沒請對方這麼做，對方卻動不動就寫道「請容我回信」、「請容我再跟您聯絡」、「請容我檢討」，看了有什麼感想？會不會覺得「我又沒拜託你這麼做……」

「請容我……」是「請讓我……」的謙讓語，是在滿足「獲得對方許可」以及「得到對方恩情」這兩個條件的情況下使用。

舉例來說，生病時，從上司那裡獲得請假許可，得到能在家休養的恩情時，說一句「那麼，今天就請容我放一天假」，這種用法很合適。但要是濫用，就會讓人覺得不對勁了，所以同樣的說法得多一些心思。

在表達自己的行為時，不妨說「我會回信」、「我會聯絡」、「我會前去拜訪」，用「我會……」的句子就行了。

若將「請容我……」誤認為是客氣的用語、尊崇對方的一種表現，便會濫用，要特別注意。

而過度顧慮的說法，則是像**「這樣不知您是否能接受」**這種例子。在確認目前談論的事情時，只要用一句「這樣可以嗎」就夠了。要避免說話過度委婉。

不該說的話

✕ 下週初再回覆就行了

○ 請在三個工作天內回覆

討喜的好話

工作的期限日最好別設在
「假日結束」的日子

107

商務人士最忙碌的日子，是一週尾聲的星期五，以及隔週一開始的星期一。因此，這兩天的聯絡事項當然也會增加，不過，一些粗神經的人常會**在星期五寄送內容為「請在下週初送資料來」**的電子郵件。「下週初」在商界指的是「星期一」。會提出這種委託的人，或許心裡想的是，「你不用今天回覆，只要隔個假日慢慢回覆我就行了」，但接受委託的一方，心裡想的卻是**「要我星期六日也得工作嗎？」**心情差到極點。

暑假或歲末年初也一樣，有人自以為是替對方著想，而在長假前委託工作，說一句「只要假期結束後再交就行了」，這樣根本就只想到自己，會給對方壞印象。只要不是很緊急的案件，就應該將假日加進緩衝期內。

為了避開這樣的風險，別將假日算在內，提出**「這個案件可在三個工作日內交件嗎？」**這樣的委託方式才是明智之舉。

最後，若再附上一句**「如果有困難，請跟我說」**，對方就能感受到你的關照或貼心。這麼一來，對方也會心想「今後也希望能和他一起共事」，而能爽快的接下工作。

不該說的話

不知這樣您是否能理解呢

如果有不清楚的地方，請儘管問我

討喜的好話

「你能理解嗎？」這是輕視對方，居高臨下的用語

108

回電子郵件答覆對方的提問或確認事項時，你是不是會用一句「不知這樣您是否能理解呢」來結尾？

尤其是針對對方不懂或是感到困惑的事展開回答時，使用「這樣你理解了嗎？」這句話來結尾，是一種輕視對方，居高臨下的態度，非常失禮，所以對方聽了應該會很不是滋味吧。此外，詢問對方是否能理解，就如同二十一頁的說明一樣，是只能回答「Yes 或 No」的「closed question」（封閉式問題），所以會給對方一種單方面的負面印象。

像這種情況下，應該說**「要是因為我說明不夠充分，有不清楚的地方，請儘管問我」**，這樣才是討喜的好話。換成這種說法，對方就會覺得「要是我有不懂的地方，再找他商量吧」，會有一種安心感。而且加上「我說明不夠充分」這句話，對方會覺得這樣很給面子，而能愉快的展開交談。

之後要是對方說「託你的福，這樣我理解了」，記得要回一句**「那真是太棒了」**、**「很高興能幫得上忙」**。如果你只寫一句「那就好」，又會變成以「好、壞」來評斷對方的態度，不可不慎。

不該說的話

✕ 為了今後著想，
跟您說一聲

轉告您一聲，
供您參考

討喜的好話

「為了今後著想」，
聽起來有種挖苦的味道

109

為了今後的工作能順利進行，有時被迫得針對對方不懂的地方作說明。當我方站在教導對方的立場時，往往很容易擺出「居高臨下的態度」，所以遣詞用句不可不慎。

而最瞧不起對方，最語帶威脅的，就是「為了今後著想，跟您說一聲」這句話。這句話就像在說「今後為了讓你好好工作，我接下來要說明的事，請仔細聽」，帶有一種逼迫和壓力，甚至覺得是在挖苦。

對於公司獨特的系統或業務的推動方式，考量到如果不讓對方理解，會對業務帶來阻礙時，不妨說一句**「轉告您一聲，供您參考」，將開場白轉為柔和的話語**，這樣就不會顯得咄咄逼人。

接著再說一句「我們都是活用這種工具來推動業務」、「我們以這種費用設定進行交易」，加以說明，並以客氣的文字寫一封電子郵件，在上頭寫「關於這點，希望能獲得您的理解和配合，請多指教」，如此便能傳達出你謙虛的態度。如此一來，對方也會覺得自己受到尊重，而心想「原來是這麼回事，我明白了」，比較容易接受。請別忘了尊重對方，替對方著想的態度。

不該說的話

✕ 突然寫信給您，
真的很抱歉

突然寫信給您，
打擾了

討喜的好話

雖說是第一次寄送電子郵件，
但沒必要過度謙卑

110

面對第一次寄送電子郵件的對象，有人會過度謙卑，寫下許多致歉的字眼。例如像「突然寫信給您，真的很抱歉」、「突然寫信給您，請原諒我的失禮」。

不過，因為工作的緣故而第一次主動聯絡，並不是什麼壞事。甚至對得到新的工作委託的人而言，反而是個感興趣的通知，會在心裡想「會是什麼呢？」

因此，**沒必要過度謙恭或謙遜，甚至是貶低自己身分**。這樣會造成反效果，接受的一方有可能感到擔待不起而退縮。

當然了，如果是一大早或三更半夜第一次聯絡，對方會感到提防，而心想「這種時候聯絡，到底有什麼事？」所以用「這麼晚突然寫信給您，真的很抱歉」來為自己的失禮道歉，也算是一種禮貌。不過，基本來說，只要開場先來一段「突然寫信給您，打擾了」，應該就不會有問題。

當立場顛倒，必須得拒絕對方的委託時，有人會像是犯了什麼重罪似的，寄出長長的道歉信，在上頭寫著**「糟蹋了這難得的機會，我實在太沒用了，我也很氣我自己……」**如果寫得太過火，會讓對方感到掃興，而在心裡想「他其實不是真的這麼想吧」，所以凡事都該適可而止。

不該說的話

✕ 請先有個了解

請您諒解

討喜的好話

「請先有個了解」，
給人一種高姿態的感覺

111

寄給客戶商務郵件，告知正事後，如果接著寫一句**「請先有個了解」**，這對對方**相當失禮**。因為這句話就像在說「我寄給你的內容，請事先充分理解」、「請在了解我說的話之後，再展開之後的對應」，給人一種單方面將要求強加諸在對方身上的高姿態感。

舉個例子，像「因為我方的情況，研討會的預定計畫會做部分變更，請對此先有個了解」、「由於正值暑假期間，在〇月〇日前無法對應，請先有個了解」這樣的句子。如果是身分比自己高的人，或是客戶收到這樣的郵件，應該會心想「放假是你的事，朝我施壓也沒用啊……」而感到不耐煩。

不管面對任何對象，在不失禮的情況下，為了促成對方理解並接受，請特別留意**「要擺出低姿態」**。

只要說一句「我這樣真的很任性，但還望諒解，請多多指教」、「還望您能多多理解和配合」、「誠心希望您能諒解」，應該就沒問題了。

因為是我方出言懇求，所以就算懇求的一方表現謙遜，尊崇對方，這也是理所當然。請記得要採用客氣的表現方式。

不該說的話

✕ 了解

我明白了

討喜的好話

對客戶或上司說「了解」，是一大忌諱

112

「了解」這句話，相當方便好用。「了解」、「了解了」，不光只用在電子郵件裡，LINE 貼圖也常出現，所以很多人也常這樣用。這句話是「我明白了」、「我理解了」這個含義的客氣用語，所以不是會讓對方感到不悅的字眼。

然而，如果是商業郵件，那就另當別論了。

「了解」這句話不帶有謙卑的含義，所以適合用在和自己同輩或身分比自己低的人身上。但要是對上司或客戶這樣用，則**有種對等的感覺**，有人會覺得這樣很失禮。

回覆上司的指示或客戶的委託時，使用**「我明白了」、「我曉得了」**較為合適，因為這帶有向對方的指示或委託客氣的表達同意的意思。這是我方向對方表示敬意的一種說法。

尤其是「我明白了」，帶有對對方的一種尊敬之情。因此，當對方的身分高於自己，需要多一分顧慮時，用「我明白了」會更加客氣。而「我曉得了」也算是謙讓語，所以使用上不會有問題。

商業郵件的答覆，**要注意別用社群網路的原則來回信**。

不該說的話

✕ 請多小心，別搞壞身體

請保持健康

討喜的好話

結尾請用「正向」的話語，
讓人看完後有好心情

113

為了讓對方能以愉悅的心情看你寄送的郵件，**文字內容要盡可能避免用負面的呈現方式**。

像自古就有「言靈（※日本人認為言語中有一股不可輕視的力量。像誓言或詛咒就是其行使的例子。）」一詞一樣，有人認為語言中棲宿著靈魂，所以郵件裡的文章，採用「肯定且正向的用語」，比較能給看的人好印象。

不過每到寒冬時節，就一定會寫「在此嚴寒時節，請多保重身體，別感染風寒」，而到了盛夏時節，有人則是會在結尾處寫上一句「天氣酷熱，請小心別中暑了」。

對身體健康，完全沒生病的人來說，對方特地往負面去操心，感覺一定不舒服。而對真的搞壞身體的人來說，有可能會因此而心情沮喪。該說「要幸福哦」的場合，總不會刻意說成「別讓自己不幸哦」，對吧。

如果以**「天氣突然變冷了，請保持健康」**來結尾，就成了正向的話語，能感受到你的貼心，所以對方也能愉快的看完郵件。就算不刻意提及身體狀況的事，只要在最後附上一句**「很期待下次和你再見」**，對方看了也會覺得窩心。

雖是郵件文章，但也會希望能重視對方看完後的感覺對吧。

第13章 負面意見

對他人的工作或言行，想表達「負面意見」時，要在不傷及對方自尊的情況下巧妙的傳達，該怎麼做才好呢？會不會忍不住責怪起對方呢？

像這樣的煩惱，會隨著社會經驗增長而愈來愈多。要是不小心用了難聽的話語，傷了對方，或是惹惱對方，則往往會引發糾紛。必須多花些心思，不讓對方感到不愉快，儘管是負面的意見，仍舊能傳達出心裡想說的話，並取得對方的理解。

這時，希望各位能記住，請勿用「好／壞」、「正確／錯誤」來單方面的判斷對方，勿以「居高臨下的態度」來評價對方。

每個人都有希望別人接受自己、認同自己的「認同需求」，所以不妨就先接受對方的說法吧。先說一句「原來你是這麼想啊」，認同對方的說法，之後再回以自己的意見。只要展現出這樣的態度，就算是負面的意見，對方坦然接納的可能性也會比較高。

這份企劃你要不要試試看？
咦，真的可以嗎？
不過，我認為你是沒這個能耐啦。
你就試試吧
重重
壓下
可惡的部長！
你就試試看吧，有不懂的地方，我可以接受你的詢問！
加油
你一定可以的！
我就是不行啦……
反正……
加油
癱軟
無力
我會努力的！
做得好！
好！
太好了！

不該說的話

我認為你應該還辦不到

你試試看，如果
有不懂的地方，
可以來問我

討喜的好話

要是打從一開始就被人認定你「辦不到」，就會拿不出幹勁

114

在教導新進員工或是中途加入公司的員工如何工作時，如果刻意先來一句**「我想你應該是不懂」**、**「我想你應該還辦不到」**，會造成對方不必要的壓力。

要學會新的工作時，遇上自己辦不到的事，或是不懂的地方，是理所當然。會講這樣的話，或許是出於想替對方降低門檻的想法，但就算沒說，當事人自己也最清楚，所以有人聽了或許還會為此生氣，心想「既然你打從一開始就認定我辦不到，那就別讓我做不就好了！」

對於剛學會工作的部下或後輩，如果你替他們著想，不妨對他們說一聲**「你試試看，如果有不懂的地方，可以來問我」**、**「因為或許會有你還無法勝任的地方」**，讓對方明白你已準備好隨時支援他，這樣他就能放心的投入工作中。

想試著將困難的工作交給經驗尚淺的人處理時，如果說一句「這是你過去尚未經歷過的工作，不過，我認為你一定可以，所以希望你好好加油。要是有什麼困難，我隨時都會支援你」，對方也會心想「好，那我就挑戰看看吧」，而比較容易展現積極的態度。

就算多少有些擔心或不安，但**只要採取「正向」的說法，而不是「負面」**，對方應該就不會因此失去幹勁。

不該說的話

✕ 你的想法錯了

我是抱持
這樣的想法

討喜的好話

不容分說就否定對方的意見，
不會有任何好處

115

對話就如同傳接球。「那種球我沒辦法接啦」、「那種投法不對吧」，要是一直這樣嚷嚷，把對方投來的球都駁回，這麼一來，任誰也會大為光火，而在心裡想「虧我投得那麼辛苦！」而對方說的話，用一句「你的想法錯了」來**全面否定**，也可算是這種模式。就算覺得對方說的話有錯，但還是先接住對方投來的球（話），這是善於對話的人會遵守的規則。

不管怎樣的人一定都會有想得到認同的需求。很多人光是別人肯聽他說就很滿足。別人肯聽自己說，就覺得滿足的人，就算對方說出和自己不同的意見，也會願意傾聽。因此，要說一句**「原來你是這樣的想法啊」**、**「哦，你是這麼想的啊」**，先接住對方拋來的話。之後再說一句**「我是這麼想的」**，試著拋出自己的變化球。

「話雖如此，還是我的想法才對」、「我們的想法不同，所以說再多也是白搭」，要是你不願意聽，堅持自己的主張，那這場傳接球就玩不下去了。

不管雙方再怎麼意見相左，都要基於**「I'm OK, you are OK」**（＝我也對，你也對）的立場，一面尊重對方的意見，一面傳達自己的想法。這麼一來，就能巧妙的享受彼此的對話。

不該說的話

都這把年紀了，
連打招呼也不會嗎？

○ 來打聲招呼吧

討喜的好話

以年齡或性別當理由，
很可能會構成騷擾

116

自己的部下該做的事不做，或是以為自己做得到的事，卻辦不到時，**有人會搬出當事人的特性，出言挖苦**。

「都這把年紀了，連打招呼也不會嗎」、「你都三十多歲了，這麼點工作，沒能馬上搞定怎麼行呢」，像這樣搬出年齡來說。「這工作不能交給一個忙著育兒的媽媽去做」、「明明是個男人，卻沒半點毅力」，這種性別歧視，很可能構成騷擾。「你已經是老手了」、「你已經是成人了」，這也是一樣，不管是不是老手，是不是成人，能不能辦到因人而異。但是用自己偏差的價值觀去評價對方，或是歧視對方，這可是個嚴重的問題。像這樣的例子，同時也是那些會在無意識中用言語傷人的人們很重要的特徵。

如果是想提醒對方打招呼，就說一句**「打聲招呼吧」**，如果是希望對方加快工作步調，就說一句**「這項工作希望你能在明天之前完成，如果有問題，請找我商量」**，**只要說出正事即可**。

如果是希望不可靠的部下能拿出責任感來工作，不妨說一句「請負起責任，投入自己的工作中」，讓他意識到這點。以偏差的想法或價值觀強加諸在對方身上，最後很可能自食惡果，請多加小心。

不該說的話

✕ 果然還是不行

你明明已經這麼賣力了，真的很遺憾

討喜的好話

「果然還是不行」是一句極為冰冷又殘酷的話

117

習慣否定他人的人，會在無意識中脫口說出傷人的話來，像「果然還是不行」、「我早料到會是這樣」、「我猜也是這樣」，也是典型的例子。

這明顯可以聽出，是給了對方一個「你原本就不行」的負面評價，是很失禮的話。聽的一方原本就因為結果不如預期而感到沮喪，這時更是感覺像遭人在傷口上抹鹽般，痛苦不堪。「你果然是個沒用的人」，再也沒有比被人貼上這種標籤還要大的打擊了。愈是努力想符合期待的人，傷得愈重。

討喜的人會說「你明明已經這麼賣力了，真的很遺憾」，**以此安慰對方，並傳達自己的感受**。

當對方展現出好的成果時，有人會當自己是在誇獎對方，而說一句「我就知道你會通過」，但這句話除了「和我想的一樣」的含義外，同時也是在說「果然不出我所料」，完全和我的預測一樣，我想的果然沒錯，是一種誇大的表現方式，所以也很可能被視為是在挖苦。

如果是想誇讚對方的努力，不妨說一句**「你很認真學習，所以才會通過，很替你高興」**，傳達你對成果的感受，這樣更能傳進對方心中。

✕ 竟然為這種小事煩惱

○ 你是為了
什麼事煩惱？

討喜的
好話

對於他人的煩惱，
別用「這種小事」來擅自斷定

118

一個人的煩惱程度有多深，非他人所能理解。即使是看在旁人眼裡，微不足道的煩惱，但是對當事人來說，卻有可能是很嚴重的問題，甚至擔心得夜不能眠。

用一句「這種小事」，將別人的煩惱當成枝微末節的小事看待，是一種任性的行為，這對對方來說，實在是多管閒事。要是再被人責備一句「你就為了這種小事煩惱嗎？」、「你在意這種小事？」會有種遭落井下石的感覺，而心想「早知道就不跟這種人訴說煩惱了」。

雖然對你來說，覺得「無關緊要」，但是在對方面前展現這種態度，是一大禁忌。如果不懂對方在為什麼煩惱，請試著問一句**「你是為了什麼事煩惱？」**

如果對方是和朋友吵架而心情沮喪，也許會對你說「我講了一句無心的話，很想向對方道歉」，而道出他煩惱的原因。對方說出後，你只要回一句「原來是這樣，你想向對方道歉對吧」，認同他的感受就行了。對方也會心想「我該怎麼道歉才好呢？」就此成為思考下一步該怎麼走的契機。

工作、戀愛、家庭，只要是煩惱，不管是怎樣的事，對當事者來說都是嚴重的問題。請遵守**「別擅自斷定、別想得太簡單」**的原則，以這種態度來面對對方。

不該說的話

✕ 用嘴巴說總是很簡單

要付諸執行，該怎麼做才好呢？

討喜的好話

切記別用言語來造成對方的壓力或傷害

119

如果你跟人說你的夢想、目標、想做的事，結果對方冷回你一句「用嘴巴說總是很簡單」，你會有什麼感受？好不容易充滿幹勁，卻遭人潑了一桶冷水，可能會就此鬥志全無吧。

自古人們便說「坐而言易，起而行難」，要付諸行動並不容易，當事人自己最清楚。沒必要由他人刻意在一旁施加壓力。甚至有人會聽作是「你只會嘴巴上說說，反正你也不可能付諸執行吧」的意思，而認為這是惡意的打壓。也可能會當作是在挑釁。

如果想推對方背後一把，只要以積極的口吻說一句**「既然決定要做，再來就只剩實際執行對吧！」**或**「說得好。要付諸執行，該怎麼做才好？」**應該就行了。

「因為發生過這麼嚴重的事，所以這次得想辦法解決才行」，當有人面對過去發生的負面事蹟，想重新振奮時，要是你用自作自受的口吻撂下一句「那可真是辛苦。不過，那也是你自己種下的因」，這樣的對應方式可就更糟了。

像這種情況也一樣，如果不用正向的話語回一句**「我們一起來想想，該怎麼做才能解決吧！」**就會對對方造成更多傷害，彼此的人際關係也將就此產生嫌隙。像這種會影響對方鬥志的話語，不可不慎。

不該說的話

✕ 看不出來你這麼厲害

○ 你能辦到，
真厲害

討喜的好話

請別將「外表的判斷」
帶進工作或人際關係中

120

當一個人容易從對方外表給人的印象，擅自評斷「他應該就是這樣的人」時，當他目睹對方令人意外的一面或意想不到的行動，會忍不住脫口說一句**「看不出來你這麼厲害」**。例如向客戶介紹一位總是安分的默默完成工作的後輩時說「別看他這樣，他工作能力很好哦」，或是當有位看起來不會做菜的人自己帶便當時，脫口說一句「看不出來，你這麼居家。」

這是將原本負面印象的事轉換為正面的誇獎方式，所以對方聽了不會發自內心感到開心。

而最糟的情況是，從外觀來看，一直以為是很正向的事，最後卻成了印象大不相同的負面評價，因而口出惡言道「看不出來，你對數字這麼不擅長」、「看不出來，你是這麼容易沮喪的人。」這句話完全否定對方，意思是對方比想像中還要沒用。這是拐著彎傷人的話，所以要是一再這麼說，而被控訴是權力騷擾，那也是沒辦法的事。

如果你都以主觀來評斷對方，以自己的想法為基準來評價他人，那就快改掉這個習慣吧。偏頗的價值觀會讓對方感到不愉快。既然得到正面的印象，不妨說一句**「你能辦到，真厲害」**、**「真優秀」**、**「你真居家」**，**如實的傳達出正面的感想**，這是最好的做法。刻意傳達出負面的印象，不會為你帶來任何好處。

第14章
育兒

我從事諮詢師的工作，接受過不少和育兒相關的諮詢。

愈是關心孩子，愈難做到「守護」、「等待」，往往會忍不住搶著先下達指示。因為太過擔心，為了不讓孩子失敗，而會想事先出聲提醒，這種心情可以理解。

不過，如果會造成身體的危害，那就另當別論，但一般往往都是在失敗中學習，一再反覆小小的失敗，才會促成成長。因此，重要的是不要先出聲提醒，而是先調整好心態，就算孩子失敗也能從旁給予協助。

孩子並非父母的附屬品。雖說是親子，卻是不同的個體。切莫將父母的價值觀強加諸在孩子身上。而且不是「為了父母」，而是「孩子為了自己好」，而去增加孩子該做的事。父母和孩子一起成長，才是雙贏。

真是的，動作快！
等一下嘛
小花好可愛
叨絮
不休
媽媽上班快遲到了。
妳這孩子真不聽話。
煩躁 不安
哇～
是
老師，拜託您了。
看了真心疼
我們走吧。
我正在看石頭。
不要
那麼，你挑一個帶去給老師看吧！
早安。
真好……
妳看
石頭
早安！

不該說的話

✕ 動作快！

○ 習題請在三十分鐘內完成吧

討喜的好話

「動作快」是阻礙孩子自主性的禁忌字眼

121

準備外出時，或是孩子在外面拖拖拉拉不聽話時，有的父母會出言催促道「動作快！」、「快點快點！」、「再不快點，我要丟下你嘍！」應該是對磨磨蹭蹭的孩子感到不耐煩，而忍不住脫口說出這句話，不過，「動作快」是**阻礙孩子自主性的禁忌字眼**之一。既然這麼趕，父母應該先安排好，從容的展開行動，而孩子做不到的事，則要在一旁協助。這是孩子都會經歷的時期。

雖然沒必要催促孩子，但希望孩子能快點行動時，不妨說一句「習題請在三十分鐘內完成吧」、「在七點三十分前換好衣服吧」，具體指示時間，並對孩子說一聲**「我們一起○○吧」**，這樣應該就行了。

大人可以輕鬆做到，孩子卻做不到的事相當多。在成長和理解的快慢方面，每個人也都不一樣。有人是慢郎中，有人是急驚風，存在著個性差異，同樣一件事，有的孩子能辦到，有的孩子做不到，這也是理所當然。

如果孩子辦不到，就認為是孩子不對，以這種口吻催促或是喝斥，孩子只會愈來愈沒幹勁。若是逐一認同孩子能辦到的事，**對孩子能力所及的事「具體的」下達指示**，就能巧妙的引導其展開行動。

不該說的話

✕ 不能買玩具

你生日再買
玩具送你

討喜的好話

愈是用「不行」來加以禁止，
孩子的自我肯定感就愈低

122

還在想跟父母撒嬌年紀的小孩，為了達成自己的欲望，會說話任性，或是使性子。尤其是學齡前的幼兒到小學低年級的孩童，都會說「我想買那個」、「我想做這個」，想到什麼就說什麼，所以有的父母會不問緣由就以一句「不行、不行！」來否定孩子。

當然了，如果是覺得孩子或周遭的人有危險，而用一句「那邊很危險，不能去！」來加以提醒，自然沒有問題。但要是對孩子的言行全都用「不行」這樣的強烈用語來否定，孩子會認為「我是個沒用的人」，就此失去自信，**變成一個自我肯定感低的人**。

為了要在不傷及孩子自尊心的情況下，轉達「No」的意思，並讓對方接受，**若能事先決定好「規則」**，就會進行順利。例如，只要事先決定好「只有在生日和耶誕節才會買禮物」，就算孩子在其他日子央求「買給我嘛！」你也能回到當初的約定，回一句「玩具是在生日才買的吧。」不是單向的對話，而是經過討論後，朝互相折衷的方向邁進。如果能用肯定句**「一起〇〇吧」**來看待各種情況，而不是用一句**「不行」**來否定，孩子就會比較容易採取積極的行動。

在決定規則時，不是憑感覺或是一時興起，不妨降低門檻，設定一個親子間能一起遵守的規則。不光孩子，連父母也能遵守約定，這點很重要。

不該說的話

✕ 你只要照我說的去做就行了

媽媽是這麼想的。○○，你怎麼看？

討喜的好話

在父母的支配下長大的孩子，無法獨立

123

會逼垮孩子的父母，其共通點就是口無遮攔。「你只要照媽媽說的去做就行了」，有這種口頭禪的父母養育出的孩子，會放棄自己思考，失去自主性，變成一個只會看父母臉色，無法獨立的孩子。

相反的，要養育出能自己思考行動的孩子，父母得懂得尊重孩子的想法，並對孩子說**「媽媽是這麼想的。○○，你怎麼看？」**並進一步和孩子討論「○○，你是這麼想的啊。那我們來想想看，你和媽媽的想法有什麼不一樣。」

舉例來說，假設孩子說「我就算不會念書也沒關係」，父母回了一句「如果你會念書，就能懂更多事，自己也會更快樂，所以現在要用功念書才對。」要是孩子回一句「可是，我也想玩足球和電動啊」，你會怎麼回答？

這時請別急著否定，不妨提議**「那麼，我們來討論看看，一個禮拜要玩多久才好，一起作決定吧」**，和孩子一起擬定計畫。

重要的是**暫時先接納孩子的主張，聽他說明理由**。接著表達父母的意見，與孩子討論該怎麼做才好，最後讓孩子決定。不能遵守約定時該怎麼處理，這點也要仔細與孩子討論，事先作好決定，才是最好的做法。

不該說的話

✕ 好好念書

○ 我們一起念書吧

討喜的好話

「好好念書」這句話，
說得愈多，愈討厭念書

124

父母對孩子的「強迫接受」，只會對孩子的成長帶來不良影響。有百害而無一利。其中，「好好念書」這句話，是極具代表性的一句強迫對方接受的話語，會讓孩子更加排斥念書，不過在日常生活中，常無意識的把這句話掛嘴邊的父母應該不少吧？

孩子經父母叨念一句「好好念書」，就算百般不願的坐向書桌前，可一旦有「被迫的感覺」，念書就不會有進展，始終記不進腦中。儘管如此，還是不想挨父母罵，所以會偷藏習題或是作弊，造就出這種耍小聰明的孩子。不管怎樣，明明拿不出幹勁，卻又勉強自己念書，再也沒有比這更沒效率的事了。

為了引出孩子的幹勁，父母的催促方式**不是「好好○○」，而是「我們一起○○」吧，這是基本原則**。而且**父母也要一起投入，這點很重要**。

首先要做好準備。如果孩子能自己做好安排，父母做其他事，例如工作或個人嗜好，也沒關係。像翻開書本，或是用電腦作業，和孩子一起投入工作中，這樣的態度很重要。為此，地點不是選在孩子的房間，而是要活用客廳或餐廳，這樣就能順利的持續下去。

在孩子養成習慣之前，要有耐性的陪孩子走下去。

不該說的話

✕ 正經一點

別跑來跑去，
坐在椅子上吧

討喜的好話

「正經的」、「好好的」這類的用語，要再加上具體的指示用語

125

如同我在第三十五頁所做的說明，連大人聽了也會覺得困擾的，就是像「好好的」、「仔細的」這種模糊不明的話語。如果對方是孩子，則情況更是嚴重。

如果就只是一句聽了教人完全不懂該如何是好的**「含糊話語」**，則不管再怎麼提醒，也無法期待孩子能展現我們想要的結果。像這種情況，以孩子能理解的話語，對他們該做的事**「詳細的」下達指示**，是其重點。

舉例來說，在商業設施裡，對東奔西跑的孩子說「正經一點」，他們也**「不懂該怎麼做才好」**，所以就算暫時讓孩子不再東奔西跑，但同樣的情況很可能會一再上演。

如果父母希望孩子能暫時乖乖的坐在椅子上，就必須連具體的行動都下達指示，例如「接下來的五分鐘，你要膝蓋碰膝蓋坐好，嘴巴閉好。」

就算孩子沒有時間的概念，也還是要使用具體的數字。像這種時候，如果有像繪本這類孩子感興趣的東西，自然更好。

像「好好的」、「仔細的」這種「含糊的用語」，一定要再加上具體的指示用語，這是其原則。有沒有加上這樣一句話，理解度會截然不同。

✕ 就跟你說吧

○ 下次小心一點吧

討喜的
好話

「就跟你說吧」，
是支配孩子的字眼

126

有許多話，就算是大人聽了也會不舒服。當中會讓人聽了之後怒火中燒，懷恨在心的，就是像**「就跟你說吧」**這樣，瞧不起別人的失敗，並強調自己正當性的說話方式。而成長過程中的孩子更是如此，有許多不會做的事或是不懂的事。要是有人對每件事都露出驕傲的神情，冷冷的說一句「就跟你說吧！」、「看吧」，孩子就會自我嫌棄，失去自信。

以一句「就跟你說吧」來責備孩子，就如同是認定「你因為不聽我的話，才會失敗，問題就出在你不照我的話去做」。這是阻礙孩子成長，否定其人格的一句話。聽這樣的話長大的孩子，只會看父母臉色，日後有可能成為一個心裡有話卻不敢直說的大人。

為了避免毀掉孩子，只要改說一句**「下次小心一點吧」**就行了。如果孩子堅持「我要自己做！」最後失敗，就問孩子一句**「你認為該怎麼做才會成功呢？」**這麼一來，孩子就能學會自己思考的能力。

孩子不是父母的分身。是擁有不同人格的獨立個體，所以不會照你的想法走也是理所當然。父母如果沒搞清楚這點，而以高壓的態度支配孩子，或是用權力加以束縛，日後孩子將會展現負面的反撲。失敗也算是成長的一環。

不該說的話

✕ 你考一百分，真棒

這是因為你每天都很用功念書

討喜的好話

也可看作是「你表現不好就不會誇獎」的意思

127

對孩子來說，父母是絕對的存在。會希望得到父母的認同也是理所當然。而父母要滿足這樣的需求，須採取的互動方式是**「誇獎」**、**「認同」**、**「感謝」**、**「慰勞」**。因此，事情做得好，加以誇獎固然不錯，但誇獎的話語中如果加上「評價」，意思可就變調了。

「你考一百分，真棒」，意思是「考了一百分的你真棒」。孩子會覺得自己是因為考了一百分，自己存在的意義才得到認同。如此一來，很容易形成「只要我照父母的想法走，他們就會愛我。否則就不會愛我」這樣的邏輯思維。

父母常採取這種互動方式的孩子，只會在意**「父母給的評價」**，以**「父母的量尺」**來思考，很難建立自己的主軸。如此一來，當人生中遭遇不順遂時，就會推卸責任，認為「會變成這樣，都是父母害的」。

為了避免這種情形發生，**要誇獎的不是「結果」，而是「孩子所做的事」**。要傳達自己心中的感受。就算考了一百分，也還是要認同孩子的努力，對他說一句「你每天都很認真念書呢」。當孩子幫你忙時，要傳達的感受**不是「你真棒」，而是「我很高興」**。誇獎孩子的行動和努力，加以認同，大方的傳達出你的感受。如此一來，孩子渴望得到認同的需求就能獲得滿足，而能順利成長。

不該說的話

✕ 這樣很丟臉，別這樣

○ 你〇〇的話會比較迷人哦

討喜的好話

會覺得丟臉的人是父母。
孩子會有那樣的行動，有其意義

128

在電車內或是大庭廣眾之下，孩子哭泣或是鬧脾氣，常會看到父母向孩子訓斥道「這樣很丟臉，別這樣！」、「你這樣哭很難看吧！」不過，這是父母自己覺得丟臉、難看，孩子自己不覺得，所以才會抽抽噎噎的哭。

孩子的情緒很複雜，有時是為了讓父母將注意力放在自己身上而刻意哭。青春期的孩子會做壞事，也是希望自己不管變成怎樣，父母都能接納他們。就某個意涵來看，這也可說是在測試父母。小小孩也一樣，就算挨罵，還是想要自己最愛的父母關心他，因而哭泣。但不了解孩子這種心思的父母，就只是嫌煩，而拿孩子出氣，或是撂下一句「我不管你了！」就此棄之不顧。

為了斬斷這樣的惡性循環，首先要和孩子面對面聽他說。給孩子真切的感受，讓他覺得父母愛他，這點很重要。若能**很正面的說一句「〇〇，比起哭，你笑起來更迷人哦」**，如此一來，孩子也會很安心的聽父母的話。

孩子的行動一定有其意義。記得要理解其含義，用心陪伴。給予孩子滿滿的愛，孩子也會因此感到安心，情況往往會因此而好轉。

不該說的話

✕ 為什麼你連這種事都做不到？

我希望你能那樣做

討喜的好話

因自己辦不到而被責備的孩子，
會逐漸失去自信

129

念書、運動就不用說了，就連用餐、幫忙家事等生活習慣，孩子都是在成長過程一面牢記各種事，一面逐一學會。當然了，有些事只學一兩次是無法學會的。但要是出言責備孩子「為什麼連這種事都做不到？」孩子就會逐漸失去自信。

就當自己是孩子，站在孩子的立場來思考吧。因自己辦不到的事而遭人責罵，應該再也沒有比這更教人難過的事了。不過，當上父母後，常常會因為想讓孩子照自己的意思走，而無法客觀看待孩子的內心感受。

如果因為孩子無法符合自己的期待而感到遺憾，不妨說一句「媽媽希望你能自己做好上學的準備」，就像這樣，傳達**你的感受**。育兒的基本原則，是「I message」。此外，孩子提不起勁做的事，或是不擅長的事，不是勉強他去做，而是父母在一旁幫忙，逐漸累積「小小的成功經驗」。

人都有長處與短處，有擅長與不擅長之分。一再的要孩子做他辦不到的事或是不想做的事，這明顯是一種整人的行為。為了避免傷及孩子的自尊心，別責備孩子做不到的事，要從旁協助，直到他能做到為止。對孩子說**「我希望你能那樣做」**，傳達父母的感受，養成習慣，則孩子應該也會展露歡顏。

不該說的話

✕ 既然你不聽話，
那媽媽走好了

○ 你不聽話，
媽媽會難過的

討喜的好話

威脅或是冷眼相對，
這種言語暴力都構成虐待

130

當育兒的狀況無法照自己的意思走時，有的父母會搬出不好的事情來威脅孩子。對於和父母吵架，持叛逆態度的孩子，甚至有的父母會說「既然你這麼做，那媽媽走好了！」、「既然你不聽話，那媽媽死了算了！」

這就像是出言威脅道「既然你不聽我的話，我就要讓你嘗到苦頭，讓你感到困擾」，冷眼相對。而像「不會念書的孩子，我不想管！」、「你不整理好，我就揍你哦」、「你要是不管，會被警察帶走」，也都是**威脅孩子的話語**。

尤其是為了要孩子念書，以言語暴力來威脅或傷害孩子，最近成了很受重視的問題，人稱「教育虐待」。

一旦受父母威脅，孩子便會就此萎縮，壓抑自己，假裝是個乖寶寶，這種例子屢見不鮮。但不管再怎麼壓抑自己聽父母的話，總有一天還是會來到極限。

如果希望孩子能聽話，不妨先說一句**「你不肯聽媽媽的話，媽媽很傷心」**，傳達自己的感受。並且要聆聽孩子的感受，說一句**「那麼，我們該怎麼做呢」**，彼此一起討論。只要思考彼此都能接受的解決辦法，就算是尊重孩子的想法，能構築出親子間的信賴關係。

不該說
的話

✕ 別失敗哦

○ 就照你平時的
狀態去挑戰

討喜的
好話

「別失敗哦」這句話，
會讓人感覺更有壓力，
而容易失敗

131

在重要的考試或發表會前，你是否曾因為擔心孩子，很想要他自己多加小心，別出錯，而開口跟孩子說「別失敗哦」或「別搞錯哦」這類的話呢？

成人也一樣，**只要聽別人這麼說，就會備感壓力**。「不可以失敗」、「不可以搞錯」愈是這麼想，就愈會緊張，而就此萎縮。如此一來，原本理應能辦到的事，也會敗在壓力下，而發揮不出本領，這種情況屢見不鮮。

倒不如說，孩子需要的是許多小失敗的累積。經過一再的累積，學會就算失敗也能重新站起，培育堅強的內心，不會因為一點小事就一蹶不振。因此，父母要在不會造成孩子生命危險的範圍下，保有**「就算失敗也OK！」**的心態。如果想培育堅強的孩子，不怕失敗，就要對孩子說**「就照你平時的狀態去做」**，這樣孩子也會感到安心。

只要是人都有「想自我實現的需求」。就像馬斯洛（Abraham Harold Maslow）知名的「五個需求層次說」所示，這種需求是想將自己的能力和可能性發揮至最大極限，想更接近理想中的自己。只要給予能發揮這種需求的「環境」，就能造就出一個想以各種形式自我實現，無比堅韌的成人。

第15章 容易構成騷擾的禁忌字眼

二〇二〇年六月施行了「騷擾防治法」。

騷擾一詞背後，內容可說是五花八門。現在主要可分成「身體方面的攻擊」、「精神方面的攻擊」、「人際關係上的切割」、「過多的要求」、「過小的要求」、「個體的侵害」這六種，而部下對上司的「反向權力騷擾」也愈來愈多。

容易成為權力騷擾行為者（加害者）的人，其特徵有「以勝負來判斷事物」、「堅持主張〇〇論」等等。愈愛說「我才沒騷擾別人」的人，愈無法客觀的看待自己，所以往往會成為騷擾行為者。

怎樣的用語或行動，會讓對方感到困擾，就此構成騷擾呢？首先請試著看看自己。想理解自己的人，也會想理解他人。重視自己，也就會重視周遭人。

希望能彼此懷有一顆體貼的心，建立起互相理解的關係。

總之，妳跟著看就行了。
是
男人是靠背影……
來說話。
完全看不懂。
怎麼辦
戳
我的業務妳也多少學一點吧。
晃來
轉身
晃去
是
之後部長仍繼續用背影說話……

132

總之，你跟著看就行了，就邊做邊學吧

有很多上司都會希望部下能自己思考，自己投入工作中對吧。不過，「與其多方指導，我更希望他能邊看邊學，所以最好他能自主行動」，像這樣的指導方針，**很容易造成上司與部下之間的想法落差。**

「邊做邊學」、「總之，跟著看就行了」，只會這樣說，而刻意不向部下下達指示的上司，有時也會被人說「他什麼都不教我，我沒事可做，精神上感覺沒自己的容身之所」，而遭投訴說疏於指導。**「就算我沒說，他早晚也會明白」**，這種想法是引發問題的根源。像這種案例，要求的是以小步伐的方式，一點一滴的指導業務。

什麼事都可以找我商量。不過我現在很忙，下次再談吧

133

「雙重綁定（Double bind）」，指的是下達兩種矛盾命令的對應方式。雖然對部下說「什麼事都可以找我商量」，可一旦前來商量時，卻又說一句「我現在很忙，以後再說」，完全漠視的上司。而像「你要獨立，但不可以離開父母身邊」、「你可以做你喜歡的事，但一定要成為一位成功人士」、「快結婚吧，但不能選那個人」這樣，父母對孩子使出**雙重綁定**的例子也很引人注意。

將對方耍得團團轉，展開洗腦，可算是一種精神騷擾的行為。在指導部下或育兒方面，請留意自己是否是用雙重綁定在對待他們。

為什麼沒做？為什麼會變成這樣？

134

「為什麼？」人稱**「dangerous question」**，是把人逼入絕境的一句話。明明心裡明白，卻還是抱著某個無能為力的「念頭」，我們人就是因為常會這樣，面對「為什麼」這樣的詢問，才會難以回答。

「為什麼會變成這樣？」、「為什麼沒做？」像這種確認狀況，展開逼問的行為，稱作「調查性對應」。認為「如果沒掌握狀況，就無法對應」，以解決問題為目標的人，很容易陷入這種對應方式。不過，這也有容易被視為「追究」、「脅迫」、「斥責」的危險。當然了，有時查明原因確實有必要，但在那之前，**得先詢問對方的想法和感受。**

135 笨蛋 傻瓜 豬頭

或許有人會想**「現今這個時代，還有人會說這種話嗎？」**但事實上確實有。

在組織裡，因為職務或年資而使得「上下關係」變得明確，所以地位高的人若是對底下的人做出攻擊或操控的行為，就會構成騷擾。當中最糟的，就屬用「笨蛋」、「傻瓜」、「豬頭」這種**否定對方人格的話語來將對方逼入絕境**。這是瞧不起對方價值的一句話。也有老是被上司叫「笨蛋」、「傻瓜」，因這樣的權力騷擾而自殺的案例。類似的悲劇，每個企業都在發生。愈是認為這是「指導的延伸」，而毫無自覺的人，愈容易成為加害者，不可不慎。

當年輕女孩真好 虧你還是男人

136

在對話的過程中將性別、年齡、容貌搬出來講，這在商場的溝通場合中尤其不合適。當自己是在誇獎，而說出「當年輕女孩真好」、「當女孩真好」這樣的話，就不用說了，就連「妳為什麼剪頭髮？」、「今天穿迷你裙，真難得呢！」這種和容貌有關，很粗神經的提問，也有愈來愈多人會看作是一種性別歧視。

「虧妳還是女人」、「虧你還是男人」也會得紅牌。像這樣的認知，會產生偏見，很容易做出導致歧視的行為。

因此，在職場上，**與「性別」、「年齡」、「容貌」有關的發言**，請務必謹慎。

137 那位大小姐 我們公司的美眉

構成性騷擾的言行很多樣。例如詢問和性有關的事、開黃色笑話、說自己的性經驗、強迫對方和自己發生性關係、肢體碰觸。就連散播謠言也不行。像**「弟弟／美眉」**、**「大少爺／大小姐」**等等，對大人的輕蔑稱呼，也要特別注意。

常聽說有人用**「小〇」**來叫對方的名字，而構成性騷擾的案例。舉例來說，如果部門裡的人全都是用「小〇」來互相稱呼，這樣就能成為組織內獨特的規矩。但如果是只用在特定的人士，就算被說是性騷擾，也是無可奈何。

138 就非我不可嗎？

最近有愈來愈多人會用「就非我不可嗎？」這樣的拒絕用語。也有不少人會在心裡想「既然領一樣的薪水，我也想輕鬆一點」。

此外，也有人會基於另一種含義，例如「這不是什麼多重要的工作，我不想做」、「我不想做自己不擅長的事」，而回一句**「為什麼是我？」**、**「這工作就算不是找我，別人也能勝任吧？」**但在商場上，這樣說很不恰當，可說是任性。

如果不想被認定是「不好侍候」的危險人物，就要避免用這樣的話語。

139 我不要 我不想做

人們想傳達什麼訊息時，會傾向先說出「情感」。例如受人委託時，馬上回一句「我不要」、「我不想做」，是大忌。

話說回來，工作基本上不能憑個人好惡來挑選。最近常發生一些經驗和知識都很豐富的部下，對 IT 技術生疏的上司以這種方式回答，語帶挑釁，就此構成精神騷擾的案例。**嚴禁將「私情」帶進商場**。

真的辦不到的事，沒必要承接。不過，直接說一句「因為很麻煩」，順著自己的情感來對應，這就很不可取了。

140 是不錯啦

人際關係不好的人當中，有人**成天把惹對方不愉快的話掛嘴邊**。「是不錯啦」、「是很〇〇，只不過」，這就是具有代表性的字眼，帶有逆接的含義，聽了會讓人覺得有「不好」、「其實不〇〇」的含義。

「你要是能再講得更淺顯易懂就好了（＝要求）」、「你要是早點跟我說就好了（＝轉嫁責任）」、「反正也不可能（＝輕蔑）」、「你也差不多該做個了結了（＝拐彎施壓）」、「那個人個性是不錯，只不過……（＝中傷）」這些都是例子。

以「是很〇〇，只不過」當口頭禪的人，請多留意。

141 可是 不過 但是 應該說

對於別人說的話，有人會像口頭禪似的，老把「可是」、「不過」、「但是」、「應該說」這些字眼掛嘴邊。「可是，沒時間」、「但是這不可能」、「不過，根本就無技可施啊」、「應該說，我原本就不知道」，就像這樣，接在這些話後面的，一定都是負面的話語。對方會覺得自己說的話遭到否定，而感到沮喪。

有人明明沒有什麼明確的反對意見，但**總是習慣一開口就講否定的話**，像這種人就要提醒自己別用這四種字眼。如此一來，就能避免被眾人刻意疏遠，而成為一個討喜的人。

結論

我們都以為自己可以自由的使用母語，但其實不然，我們都只是反覆使用固定的幾個句子。以少得出奇的字彙湊合著用，常講同樣的話語。

因此，已養成習慣的口頭禪，會不自主的脫口而出。要是這話將對方逼入絕境，報應在自己身上，那會是怎樣的情況呢？要是不經意的用了這句話……

就只是一句話，能讓人充滿朝氣，而相反的，也會讓人心情跌落谷底，之後這句話不斷浮現腦中，讓人心情變得更糟。

以我的情況來說，這是常發生的事。每次我都在心裡立誓「我不再這樣用了！」或許會一時疏忽，而在不知不覺中用了這種話語，但至少會提醒自己別再說這種話。我每天都一面從事講師的工作，一面朝這個方向努力。

要是因為我的一句話而傷了對方，那該怎麼辦？生性愛操心的我，很不想為此煩惱，所以我行事謹慎，不過，這或許是出於一種自我防衛，不希望別人當我是個討厭鬼。但話說回來，保護自己也是很重要的事。

我在擔任諮詢師或舉辦研習時，總會傳達「要愛惜自己」的訊息。擔任諮詢師後，我深深覺得，很多人都很看輕自己。沒坦然面對自己內心的感受。

我們一直都漠視「自己內心的感受」，總是折衷讓步。所以很難面對自己，無法掌握自己的心思。

一旦壓抑「自己內心的感受」，以對方優先，就會愈來愈常壓抑、忍耐。而當對方的反應不如預期時，「我為他做了這麼多，到底算什麼！」這種無法獲得對方認同的悲傷，往往會化為憤怒。因為一直壓抑自己，使得自己內心失去從容的空間。

到最後，會對對方擺出攻擊性的態度，然後又遭受對方的反擊，就此形成負面的螺旋。

在人與人的關係中，懷著連自己也無從捉摸的情緒，要清楚表達自己的想法，其實非常困難。這樣永遠也不可能了解彼此。

說到溝通，因為有對象，所以往往目光會擺在對方身上，但其實並非如此。溝通的對錯，取決於「自己的態度」。正因為能掌握自己的想法和感受，才能向人傳達。這是相互了解的基本原則。

各位聽過「善意會有回報」這句話嗎？以善意接待對方，對方也會展現出善意。

不過，要這樣要求對方，有所困難，所以不妨自己主動說這些讓人聽了順耳的話。只要這麼做，別人對你的反應也會就此改變。

讓別人客氣待你的經驗一再累積，自己也能就此得到認同，自我肯定感也會就此提高。

自我肯定感是過幸福生活的原動力。因此，就算是為了自己好，也要多注意自己所說的話。

這就是「好心有好報」。

如果各位能透過本書，而略微注意自己所說的每一句話，那就是我最大的欣慰。

期望透過簡單的「換句話說」，讓你自己和你周遭的人都能得到幸福。珍惜自己，也珍惜對方。希望能有助於各位構築豐富的人際關係。

大野萌子

國家圖書館出版品預行編目資料

這樣說話，讓你更得人疼：受歡迎的人都懂的「換句話說」圖鑑 / 大野萌子著；高詹燦譯. -- 初版. -- 臺北市：平安文化, 2022.03 面； 公分. --（平安叢書；第 707 種）(溝通句典；54)
譯自：よけいなひと言を好かれるセリフに変える言いかえ図鑑
ISBN 978-986-5596-61-3（平裝）

1. CST: 溝通技巧 2. CST: 說話藝術

192.32 111001200

平安叢書第 707 種
溝通句典 54

這樣說話，讓你更得人疼

受歡迎的人都懂的「換句話說」圖鑑

よけいなひと言を好かれるセリフに変える言いかえ図鑑

作　　者—大野萌子
譯　　者—高詹燦
發 行 人—平　雲
出版發行—平安文化有限公司
台北市敦化北路 120 巷 50 號
電話◎ 02-27168888
郵撥帳號◎ 18420815 號
皇冠出版社（香港）有限公司
香港銅鑼灣道 180 號百樂商業中心
19 字樓 1903 室
電話◎ 2529-1778　傳真◎ 2527-0904
總 編 輯—許婷婷
執行主編—平　靜
責任編輯—陳思宇
美術設計—江孟達、李偉涵
行銷企劃—許瑄文
著作完成日期— 2020 年
初版一刷日期— 2022 年 03 月
初版四刷日期— 2023 年 05 月
法律顧問—王惠光律師

讀者服務傳真專線◎02-27150507
電腦編號◎342054
ISBN◎978-986-5596-61-3
Printed in Taiwan
本書定價◎新台幣 380 元 / 港幣 127 元